Das Buch

Eine alte Dame wird erschlagen in ihrer Wohnung aufgefunden. Der Verdacht fällt schnell auf den Elektriker ihrer Verwaltung, der einen Generalschlüssel besitzt und ein langes Vorstrafenregister aufweist. Aber reichen die Spuren am Tatort, um den Mann zu überführen?

Bei einem Trinkgelage ersticht ein Mann seinen Freund. Obwohl drei weitere Männer anwesend waren, konnte angeblich keiner von ihnen die Tat beobachten. Das Schwurgericht trifft auf eine Mauer des Schweigens. Bis eine ungewöhnliche Zeugin indirekt den entscheidenden Tipp gibt.

Schwurgerichtsverfahren sind lang, komplex und hochinteressant. Auch wenn Täter, Opfer und Zeugen lügen, Gutachter sich widersprechen, Indizien und Spurenlagen nicht eindeutig sind – in jedem Prozess müssen die Richter ein Urteil fällen. In Mordverfahren geht es dabei für den Angeklagten um alles oder nichts: Freispruch oder lebenslänglich. Der Richter Robert Glinski lässt uns hinter die Kulissen der Justiz blicken – eine spannende Suche nach Motiven und der Wahrheit.

Der Autor

Robert Glinski, 39 Jahre alt, ist seit über zehn Jahren Richter in Sachsen-Anhalt und Mitglied der Strafkammer für Schwurgerichtssachen am Landgericht Magdeburg. Seit er dort schwere Straftaten verhandelt, hat sich seine Sicht auf die Täter verändert.

Robert Glinski

Angeklagt

Zehn spektakuläre Fälle –
als Richter am Schwurgericht

Ullstein

Die in diesem Buch geschilderten Fälle entsprechen den
Tatsachen. Alle Namen der genannten Personen und Orte
wurden anonymisiert. Etwaige Übereinstimmungen oder
Ähnlichkeiten wären rein zufällig.

Originalausgabe im Ullstein Taschenbuch
1. Auflage Oktober 2011
© Ullstein Buchverlage GmbH, Berlin 2011
Umschlaggestaltung: ZERO Werbeagentur, München
Titelabbildung: Hans Scherhaufer, Berlin
Satz: Pinkuin Satz und Datentechnik, Berlin
Gesetzt aus der Berthold Garamond
Papier: Pamo Super von Arctic Paper Mochenwangen GmbH
Druck und Bindearbeiten: CPI – Ebner & Spiegel, Ulm
Printed in Germany
ISBN 978-3-548-37417-8

Inhalt

Für Anne und Anton

Vorwort

Als ich vor etwa fünf Jahren gefragt wurde, ob ich Interesse daran hätte, für eine gewisse Zeit Mitglied einer Schwurgerichtskammer zu werden, war ich gerade als Richter am Oberlandesgericht tätig und im Wesentlichen mit den Aufgaben eines Pressesprechers betraut. Mit dem ganz normalen Alltag eines Richters hatte ich kaum zu tun. Überhaupt war ich mit dem Strafrecht in meiner bisherigen beruflichen Karriere nicht in Berührung gekommen. Und jetzt sollte ich auf einmal zusammen mit zwei weiteren Berufsrichtern und zwei Schöffen in Fällen von Mord und Totschlag Urteile fällen.

Ich hatte nur vage Vorstellungen von dem, was mich dort erwarten würde. Sofort gingen mir die unappetitlichen Bilder von getöteten Menschen durch den Kopf. Fotos von entsetzlich zugerichteten Leichen und ekelerregende Obduktionsberichte. Würde ich mit diesen Bildern klarkommen? Hieß es unter Kollegen nicht immer, dass man diese richterliche Tätigkeit nicht zu lange ausüben sollte, weil die ständige Beschäftigung mit den brutalen Verbrechen und den menschlichen Abgründen, die sich dabei auftaten, den normal sozialisierten Menschen zu stark deformieren würde?

Heute weiß ich es besser. Inzwischen ist mir klar, dass meine damaligen Überlegungen vor allem zeigten, wie wenig ich seinerzeit von dieser Materie verstand. Die Beschäftigung mit den Taten und den Menschen und Geschichten dahinter wirkte auf mich nicht zerstörend, im Gegenteil: Sie hat meinen Horizont erweitert. Obwohl ich das damals nicht wissen konnte, habe ich das Angebot angenommen. Meine Beweggründe waren ausgesprochen banal: Wie viele andere Menschen faszinierte mich das Thema »Mord und Totschlag«, wollte ich mehr über die dunkle Seite des Menschen erfahren. Ich wollte verstehen, warum jemand zum Mörder wird, was diese Täter für Menschen sind und welche Motive sie zur Tat getrieben haben. Es war ein in erster Linie soziologisch-psychologisches und weniger ein juristisches Interesse, das ich meiner neuen Aufgabe entgegenbrachte. Meine Berührungspunkte mit diesem Teil der Gesellschaft hatten sich bis dahin auf den gelegentlichen Konsum von Fernsehkrimis beschränkt. Das Strafrecht kannte ich nur aus dem Studium und aus den Akten. Bis dahin waren Mörder und andere Schwerverbrecher in meinen Augen verschlagen, skrupellos und kaltblütig.

Schon die ersten Fälle machten mir aber deutlich, dass es so einfach nicht war. Sicher, es gibt ihn, den sinnlos mordenden Psychopathen. Doch stellte dieser Tätertyp, wie ich schnell lernte, die absolute Ausnahme dar. Sehr viel häufiger hatten wir es hingegen mit einem Täter zu tun, der durch die Verkettung ungünstiger Umstände, aufgrund einer Ausnahmesituation oder eines einzigen schwachen Momentes gehandelt hatte. Statt einer Verkörperung des Bösen schlechthin saß auf der Anklagebank sehr häufig ein eher bemitleidenswerter Mensch. Anders als im »normalen« Strafrecht hatten wir keine Gewohnheitsverbrecher vor uns, die schon mit einer ganzen Latte von Verurteilungen bei uns vorstellig wurden. In den meisten Fällen gab es zu den vermeintlich schlimmsten aller Täter zuvor keinen einzigen Eintrag im Bundeszentralregister, wie das Vorstrafenregister in Deutschland heißt. Insofern waren sie bis dahin mehr oder weniger unbescholtene Bürger gewesen. Und noch etwas fiel mir schon bald auf, nachdem ich meinen neuen Posten angetreten hatte: Unsere Täter rekrutierten sich aus allen nur erdenklichen gesellschaftlichen Schichten. Vor der Kammer für Schwurgerichtssachen mussten sich Menschen vom ungelernten Dauerarbeitslosen bis zum Professor verantworten. Auch dieser Umstand bedeutet einen gravierenden Unterschied zu der Klientel der allgemeinen Strafkammern, in denen fast ausschließlich Menschen aus unteren Gesellschaftsschichten abgeurteilt werden.

Ich begann mich stärker für die Geschichte der Angeklagten zu interessieren. Im Grunde waren sie nicht anders als alle anderen Menschen, und mir wurde klar, dass unter gewissen Umständen jeder von uns zum Täter werden kann.

Und bei Prozessen am Schwurgericht ist die Sache mit dem angemessenen Urteil besonders heikel. Denn für den eines Mordes Angeklagten geht es um alles oder nichts: Entweder wird er freigesprochen oder zu einer lebenslangen Freiheitsstrafe verurteilt. Tertium non datur – ein Drittes gibt es nicht. Dieses Prinzip prägt die Arbeit am Schwurgericht. Anders als in anderen Strafkammern haben wir bei Mordfällen nicht die Möglichkeit, über die konkrete Strafhöhe, womöglich im Rahmen eines sogenannten strafprozessualen Deals, korrigierend einzugreifen. Wird ein Angeklagter wegen Mordes verurteilt, muss gegen ihn eine lebenslange Freiheitsstrafe verhängt werden. Diese drastischen Folgen für den Angeklagten bürden dem Gericht eine große Verantwortung auf, die in unserer konkreten Arbeit auch spürbar wird. Denn es ist auch für den professionellen Richter etwas anderes, ob gegen den Angeklagten die höchste Strafe des Strafgesetzbuches verhängt wird oder dem Täter eine kurze Freiheitsstrafe oder sogar nur eine Geldstrafe droht. Mit den Folgen eines möglichen Fehlurteils lässt sich in Fällen mit geringem Strafmaß viel leichter leben.

Auch wenn das Gesetz in Bezug auf das Strafverfahren eigentlich nicht zwischen schweren und leichteren Straftaten differenziert, ist es praktisch doch so, dass an die Überzeugungsbildung in einem Mordverfahren wesentlich höhere Anforderungen gestellt werden. Deshalb werden Schwurgerichtsverfahren mit einem immensen (Kosten-)Aufwand betrieben. In fast keinem dieser Strafverfahren kommen die Richter ohne Sachverständige aus, und ihnen wird jede Stunde, die sie für dieses Verfahren tätig sind, auch entsprechend der Sätze im Zeugen- und Sachverständigenentschädigungsgesetz vergütet. Da kommen so einige Stunden zusammen, denn wir müssen regelmäßig die Hilfe von forensischen Psychiatern, Rechtsmedizinern, Biologen und anderen Wissenschaftlern aller nur erdenklichen Fachrichtungen in Anspruch nehmen. Auch kommt kaum ein Schwurgerichtsverfahren heute ohne technisch aufwendige und kostspielige DNA-Analysen aus. Dutzende von Zeugen müssen vernommen werden, die zum Teil von weit her anreisen und deren Aufwendungen aus der Justizkasse beglichen werden. Schließlich hat jeder, der eines Kapitalverbrechens angeklagt wird, Anspruch auf die Beiordnung eines Pflichtverteidigers; und auch das Opfer oder dessen Hinterbliebene können als Nebenkläger auf die Beiordnung eines rechtlichen Beistandes bestehen.

All dies macht Schwurgerichtsverfahren interessant, aber auch häufig zu komplexen Großveranstaltungen, an denen eine Vielzahl von Menschen mitwirkt, damit die Wahrheit ans Licht gelangt. Was ist wirklich geschehen? Wie hat sich die Tat konkret ereignet? Ist der vor uns sitzende Angeklagte auch wirklich der Täter? Und hat er die Tat auch schuldhaft begangen? Ist er also schuldfähig? Diesen Fragen versuchen wir uns mühsam in einem häufig langen Prozess zu nähern. Und trotzdem kann unser Ergebnis am Ende nur eine mehr oder weniger gelungene Annäherung an die Wirklichkeit sein. Wenn wir uns auch noch so große Mühe geben, den für die juristische Beurteilung relevanten Sachverhalt mit allen uns zur Verfügung stehenden Erkenntnismitteln aufzuklären, handelt es sich doch am Ende um eine (re-)konstruierte Wirklichkeit, die mit den tatsächlichen Ereignissen nicht unbedingt übereinstimmen muss, erst recht nicht in allen Details. Selbst wenn der Angeklagte umfassend gesteht und auch alle anderen Beweise gegen ihn sprechen, bleibt immer ein Restzweifel zurück, mit dem wir Richter leben müssen.

Die Rechtswissenschaft ist keine Wissenschaft im engeren Sinne. Unsere Arbeitsergebnisse entziehen sich einem exakten naturwissenschaftlichen Beweis. Der enorme Aufwand, den wir in einem Schwurgerichtsprozess betreiben, ist und wird für immer lediglich der Versuch bleiben, der Wahrheit so nah wie möglich zu kommen. Insofern ist der großzügige Einsatz aller nur erdenklichen Ressourcen auch ein Versprechen der Justiz, sich gegen die Beschränkung unserer Erkenntnismöglichkeiten zu stemmen. Es stellt die staatliche Gegenleistung einer bleibenden Ungewissheit dar. Wir täuschen den Menschen nicht vor, dass wir in allen Fällen zu richtigen Ergebnissen gelangen, mit den natürlichen Beschränkungen unserer Erkenntnismöglichkeiten sollten wir immer offen umgehen. Und uns vor allem hüten, voreilige Urteile zu fällen oder uns auf sonstige Weise die Arbeit leichtzumachen.

Als Richter am Schwurgericht lernt man nicht nur etwas darüber, wie Menschen zu Tätern werden, sondern auch darüber, wie Menschen zu Opfern der jeweiligen Taten werden. Bei der Bearbeitung schwerster Straftaten gelangte ich zu einer unerwarteten Erkenntnis: Nicht selten spielt der Zufall eine entscheidende Rolle. Viele Straftaten sind keineswegs das Ergebnis gründlicher Vorbereitung und Planung. Ganz häufig entspringt die Tat einem spontanen Entschluss oder einer plötzlichen Gemütsregung, wofür das spätere Opfer nicht einmal der Auslöser gewesen sein muss. Oft war er oder sie nur die Projektionsfläche für eine empfundene Kränkung oder schlicht ein unerwartetes Hindernis bei einem versuchten Raub.

Gegen sinnlose Verbrechen können wir uns nicht wirklich wirksam schützen, jeder von uns kann theoretisch zum Opfer eines Gewaltverbrechens werden. Unser Leben kann sich so von heute auf morgen verändern, und zwar auf Dauer, vielleicht sogar für immer. Plötzlich benötigen wir vielleicht Hilfe, um vor allem die psychischen Folgen einer Straftat bewältigen zu können.

Ich habe es erlebt, welche Kraftanstrengungen Opfern abverlangt werden, wenn sie im Rahmen einer strafrechtlichen Hauptverhandlung aus ihrer Sicht erzählen sollen, was passiert ist, wenn sie dem vermeintlichen Täter erneut begegnen und sie auch kritischen Fragen aller Prozessbeteiligten ausgesetzt sind. An ihrer Befragung führt aus strafprozessualen Gründen kein Weg vorbei, umso mehr muss das Gericht, müssen alle beteiligten Richter ihrer Fürsorgepflicht gerecht werden und sensibel mit den Opfern umgehen, damit sie nicht erneut unnötig Leid erfahren und damit zum zweiten Mal zum Opfer werden. Zu diesem Schutz der Opfer gehört auch, dass sie als Nebenkläger auftreten können und ihnen zudem eigens darauf spezialisierte Rechtsanwälte zur Seite stehen. Diese Nebenklägervertreter sollen ihren Mandanten Halt geben und damit im modernen Strafprozess eine nicht zu unterschätzende Rolle erfüllen.

Meine Arbeit als Richter in einer Schwurgerichtskammer hat mich dazu gebracht, nichts für unmöglich zu halten. Hatte ich vorher noch eine verhältnismäßig klare Vorstellung davon, welche Verhaltensweisen den Menschen zuzutrauen sind und was es auf gar keinen Fall geben kann, bin ich inzwischen eines Besseren belehrt worden. Dass ein Angeklagter nur für ein paar Euro einen Mord begeht, dass der Täter einem weiblichen Mordopfer Nüsse in die Vagina einführt und dass plötzlich wie aus dem Nichts ein Augenzeuge der Tat auftaucht – alles das habe ich schon erlebt. Und ich habe Taten erlebt, die letztlich auf einer einzigen falschen Entscheidung in der Vergangenheit basierten. Oft ging es dabei keineswegs um große und bedeutsame Entscheidungen des Lebens, bei denen jedem schon vorher einleuchten würde, dass sie mit Bedacht getroffen werden müssen, sondern um kleine, auf den ersten Blick unbedeutende und banale Weichenstellungen, die sich jederzeit korrigieren lassen. Dennoch wurden sie den späteren Angeklagten zum Verhängnis. Und das nicht, weil es nach dem kleinen Schritt in die falsche Richtung keine Gelegenheiten zum Gegensteuern mehr gegeben hätte. Das wurde mir oft schon deutlich, wenn ich in der Verfahrensakte über die Hintergründe las. Etwas mehr Konsequenz bei der Trennung von einem erkennbar problematischen Untermieter etwa oder der Verzicht auf ein letztes Bier in der Stammkneipe hätte gereicht, um das Unheil zu verhindern, wegen dem er oder sie nun vor Gericht stand. Dem zweifelhaften Helden einer antiken Tragödie gleich überhören die Betroffenen aber alle Alarmsignale und schreiten weiter dem Unglück entgegen.

Die Erkenntnis, dass keine Vorstellung so absurd ist, dass sie nicht der Realität entsprechen könnte, hilft mir als Richter, unvoreingenommener zu sein, indem ich nicht manches von vornherein ausschließe. Ein Angeklagter, der nur für ein paar Euro einen Mord begeht, oder eine Augenzeugin, die den Täter nur indirekt offenbart – nichts ist unmöglich bei einem Schwurgerichtsprozess. Und es kommt nicht darauf an, was wir Richter persönlich für möglich halten, sondern darauf, was tatsächlich passiert ist. Die einzelnen Sachverhalte mit aller Gründlichkeit aufzuklären, vorhandene Beweismittel sorgfältig zu prüfen, wie abwegig uns etwas auch erscheinen mag, ist unsere eigentliche Aufgabe.

Wie schwer das oft ist und welche verschlungenen Wege die Rechtsprechung manchmal gehen muss, sollen die folgenden zehn Kapitel zeigen. Alle Geschichten zusammen verdeutlichen vor allem eines: dass eine vorurteilfreie Haltung gegenüber Tat und Täter für jeden Richter, der mit Strafsachen betraut ist, selbstverständlich sein sollte – erst recht an einem Schwurgericht.

Asans Gemüseladen

Wann immer in der Öffentlichkeit die konkrete Strafzumessung der Gerichte bei einem Gewaltverbrechen diskutiert wird, geht es geradezu stereotyp um die Kindheitserlebnisse des Täters, um die Tat in einem milderen Licht erscheinen zu lassen. So durchschaubar diese Strategie auch sein mag, so habe ich in der Zeit meiner Beschäftigung mit schwersten Straftaten doch selten erlebt, dass ein des Mordes Angeklagter als Kind nicht tatsächlich grauenhaften Erlebnissen ausgesetzt war. Misshandlungen jeglicher Art, Alkoholmissbrauch der Eltern und das Fehlen einer liebevollen familiären Atmosphäre – fast jeder unserer Straftäter konnte hierzu etwas berichten. Bei Asan Şahin lag die Sache anders. Nach herkömmlichen Maßstäben sprach nichts dafür, dass er, knapp 35 Jahre nachdem er in einem kurdischen Dorf zur Welt gekommen war, ein brutales Verbrechen begehen würde. Die Verhältnisse, in die er hineingeboren wurde, entsprachen in keinster Weise solchen, aus denen typischerweise spätere Straftäter hervorgehen. Es waren besondere Umstände, die Asan schließlich zum Mord trieben.

Asan war als zweites von insgesamt fünf Kindern in einem intakten und liebevollen Elternhaus aufgewachsen. Die Familie lebte in bescheidenen, aber keinesfalls ärmlichen Verhältnissen. Die Beziehung der Kinder zu ihren Eltern war herzlich, Gewalt und Alkohol spielten keine Rolle. Erzogen wurden die Kinder nach weltlichen und verhältnismäßig liberalen Maßstäben, weil vor allem der Vater mit dem strikten schiitischen Islam, der Staatsreligion im Iran, nicht viel anfangen konnte.

Und doch gab es in den ersten Lebensjahren von Asan eine kleine Besonderheit, die ich an dieser Stelle unbedingt erwähnen möchte. Zwar könnte sie im Kontext eines langen Lebens leicht übersehen werden, doch hat sie seine Persönlichkeit entscheidend geprägt und wirft somit ein klareres Licht auf das spätere Geschehen: Noch wenige Jahre vor Asans Geburt hatten seine Eltern in einer kurdisch dominierten Region im Irak gelebt. Dort war auch Asans älterer Bruder Soran zur Welt gekommen. Daher sprach die Familie Kurdisch, woran sich auch in den ersten Jahren nach dem Umzug in den Iran nichts änderte. So erlebte Asan, dass innerhalb der Familie Kurdisch und sonst Farsi gesprochen wurde. Diese Trennung zwischen innerfamiliärer und außerfamiliärer Kommunikation führte bei ihm zu einer massiven Sprachhemmung und dadurch bedingt zu frühkindlichen Entwicklungsstörungen. Erst mit fünf Jahren begann Asan zu sprechen, nachdem ein Arzt den besorgten Eltern den Rat gegeben hatte, sich auch innerhalb der Familie nur auf Farsi zu unterhalten.

Schnell holte Asan in der Folgezeit seinen Rückstand auf und konnte regulär eingeschult werden. Am Ende schaffte er sogar einen qualifizierten Abschluss. Bis zu seinem fünften Lebensjahr allerdings war er das Sorgenkind, auf das sich alle Aufmerksamkeit richtete und dem besondere Fürsorge und Liebe entgegengebracht wurde. Asan genoss es, im Mittelpunkt der Großfamilie zu stehen und von allen umsorgt und behütet zu werden. Auch nachdem er seine Entwicklungsdefizite aufgeholt hatte und ein »normales« Kind geworden war, forderte er von seiner Familie weiterhin besondere Zuwendung ein. Das Wohlgefühl, das ihm die Sonderstellung in der Familie beschert hatte, war Teil seiner Persönlichkeit geworden. Damit war sein Seelenheil auch künftig davon abhängig, dass er besonders umsorgt wurde, nur so konnte er sich geborgen fühlen. Eine solche frühkindliche Prägung wirkt sich so lange nicht nachteilig aus, wie es gelingt, die gewohnten Beziehungen aufrechtzuerhalten. Was aber passiert, wenn die Lebensumstände zu einem Verlust dieser dringend benötigten Rahmenbedingungen führen? Oder wenn der Betreffende auch nur denkt, dass sie ihm auf einmal vorenthalten werden. Ich werde auf diese Frage zurückkommen.

Nach dem erfolgreichen Schulabschluss ereignete sich erneut etwas, das auf den ersten Blick nichts mit den späteren Geschehnissen zu tun hatte, aber für die Einschätzung des begangenen Verbrechens sehr wohl von Bedeutung war. Asan absolvierte gerade eine Ausbildung zum Fluglotsen, als er seinen ersten schweren epileptischen Anfall erlitt. Die Epilepsie als solche bekamen die Ärzte schnell in den Griff, Asan wurde auf wirksame Medikamente eingestellt und erlitt nur noch sehr selten einen Anfall. Allerdings war der Traum von der Karriere als Fluglotse endgültig ausgeträumt. Er wurde entlassen und kehrte in sein Heimatdorf zu seiner Familie zurück, wo er sich die folgenden Jahre mit Gelegenheitsarbeiten durchschlug und auf seine große Chance wartete. Die sah er gekommen, als sein älterer Bruder Soran ihn einlud, seinem Beispiel zu folgen und nach Deutschland auszureisen. Asan war von dieser Idee sofort begeistert, wusste er doch von seinem Bruder, dass es in Deutschland – gemessen an iranischen Verhältnissen – um ein Vielfaches leichter war, genügend Geld zu verdienen, um die nunmehr auch noch um Enkel angewachsene Großfamilie im Iran unterstützen zu können.

Also reiste Asan mit gefälschten Papieren nach Deutschland, stellte einen Asylantrag und zog zunächst zu seinem Bruder nach Hamburg. Dort tauchte er vorerst auch unter, als sein Asylantrag abgelehnt wurde und Asan eigentlich zur Ausreise aus Deutschland verpflichtet gewesen wäre. In Hamburg lernte er auch Anke kennen, eine Deutsche, die sich für Amnesty International um Ausländer kümmerte, sie bei Behördengängen unterstützte und ihnen in allen Lebenslagen mit Rat und Tat zur Seite stand. Zwischen den beiden entwickelte sich bald eine intime Beziehung, die jedoch nur einige wenige Monate währte. Von Dauer indes blieb ihre Freundschaft. Asan hatte in Anke eine Vertraute gefunden, an die er sich mit seinen Problemen auch dann noch wenden konnte, als er längst nicht mehr in Hamburg lebte. Dieser sehr persönlichen Beziehung zwischen ihnen ist es zu verdanken, dass wir in der späteren Gerichtsverhandlung auf eine wertvolle Zeugin zurückgreifen konnten, die insbesondere über

Asans psychische Verfassung zum Zeitpunkt der Tat aufschlussreiche Hinweise geben konnte.

Durch gesundheitliche Probleme eines Freundes ergab sich für Soran die Möglichkeit, einen Gemüseladen in einem Dorf in Sachsen-Anhalt zu übernehmen. Aus ausländerrechtlichen Gründen konnte er das Geschäft nicht unter seinem eigenen Namen anmelden, so dass sich seine Lebensgefährtin Natascha, die den deutschen Pass besaß, beim Gewerbeamt als Inhaberin registrieren ließ. Aber weder Soran noch seine Lebensgefährtin hatten die Absicht, selbst in dem Laden zu stehen und eigenhändig die darin anfallende Arbeit zu erledigen. Ihr Interesse beschränkte sich von Anfang an darauf, mit Hilfe des Gemüseladens den einen oder anderen Euro zu verdienen. Entsprechend zogen sie es vor, sich in einer Großstadt in der Nähe niederzulassen, anstatt direkt in das Dorf zu ziehen. Auf der Suche nach jemandem, der die Geschäfte führen konnte, kam Soran auf die Idee, seinen Bruder Asan darum zu bitten. Asan, der in Hamburg nach wie vor keiner geregelten Tätigkeit nachging, war über die Aussicht, in eigener Verantwortung ein Geschäft zu betreiben, hocherfreut und sagte sofort zu.

Die ersten Tage kam er bei seinem Bruder und dessen Lebensgefährtin unter, schnell jedoch hatten sie für Asan eine kleine Wohnung in dem Dorf gefunden. Asan nahm seine neue Tätigkeit voller Elan und Zuversicht auf. Anfangs liefen die Geschäfte nicht besonders gut, doch nachdem sich die Dorfbevölkerung an den neuen Inhaber gewöhnt hatte, kam nach und nach Geld in die

Kasse. Alle Beteiligten konnten zufrieden sein. Soran verdiente neben seiner eigentlichen Tätigkeit in einer Spedition noch etwas hinzu, und Asan hatte nicht nur sein Auskommen, sondern fühlte sich vor allem endlich gebraucht. Durch die neue Aufgabe hatte sein Leben wieder einen Sinn erhalten.

Sehr bald hatte Asan einen weiteren Grund zur Freude. Immer wieder kam Konstanze Brauer in den Laden, anfangs um Besorgungen zu machen, später waren ihre Einkäufe nur noch der Vorwand, um Asan wiederzusehen. Die beiden waren sich vom ersten Augenblick an sympathisch, wollten einander besser kennenlernen. Bei einer dieser Begegnungen fasste Asan sich endlich ein Herz und fragte Konstanze, ob sie am Wochenende mit ihm ausgehen wolle. Ohne Zögern sagte sie zu. Sie gingen tanzen, amüsierten sich und fanden schnell bestätigt, worauf sie jeder für sich insgeheim gehofft hatten – dass sie ein Paar werden könnten. So kam es, dass Konstanze den Gemüseverkäufer aus dem Iran schon an ihrem ersten gemeinsamen Abend mit zu sich nach Hause ins Nachbardorf nahm und die Nacht mit ihm verbrachte.

Konstanze war eine sehr lebendige und selbstbewusste junge Frau, die ihr Leben nach ihren eigenen Vorstellungen gestaltete, ohne sich um die Meinung anderer zu kümmern. Sie ahnte zwar, dass es im Dorf Gerede geben würde, wenn sie sich für einen Ausländer als Lebenspartner entschied, doch scherte sie sich nicht weiter darum. Sie hatte sich in Asan verliebt und hielt ohnehin nichts von den Vorurteilen über muslimische Einwan-

24

derer, die in dem Dorf zahlreich kursierten. Konstanze lebte zusammen mit ihrer Mutter und ihrem Vater sowie ihren Großtanten auf einem großen Bauernhof, wobei jede »Partei« ihr eigenes Reich besaß. Ihre Mutter bewohnte mit ihrem Vater die ebenerdigen Räume, die Großtanten teilten sich eine Einliegerferienwohnung, und Konstanze hatte den ausgebauten Dachstuhl für sich.

Innerhalb der Familie herrschte ein Klima der Offenheit und des Vertrauens, sie waren fest miteinander verschweißt und nahmen Anteil am Leben des jeweils anderen. Deshalb blieb den anderen nicht lange verborgen, dass Konstanze sich verliebt hatte. Auch machte sie kein Geheimnis daraus und offenbarte ohne Zögern den Namen ihrer großen Liebe. Nicht alle Familienmitglieder waren davon begeistert, dass sie sich ausgerechnet einen Iraner ausgesucht hatte, denn auch sie wussten von den Vorbehalten, die in ihrem Dorf gegenüber Ausländern existierten. Aber die Familie vertraute Konstanze, dass sie schon das Richtige tun würde. Die letzten Zweifel an ihrer Partnerwahl verflogen, als Asan ihnen vorgestellt wurde. Dieser ebenso attraktive wie ausgeglichene und höfliche Mann traf sofort ihren Geschmack. Ab diesem Moment freuten sie sich nur noch für das Paar und unterstützten es nach Kräften.

Vor diesem Hintergrund dauerte es auch nicht lange, bis die Familie Asan anbot, mit in ihr Haus einzuziehen. Asan nahm das Angebot freudig an und gab seine eigene Wohnung auf, obwohl er fortan jeden Tag zehn Kilometer zu seinem Laden im Nachbardorf fahren musste. Schon bald wurde Asan zu einem vollwertigen Familienmitglied, Konstanzes Eltern sprach er mit Mama und Papa, ihre Großtanten Ilse und Margot mit Tante an. Da Konstanze in dieser Zeit gerade keine Arbeit hatte, ging sie ihm im Gemüseladen zur Hand, damit sie auch tagsüber zusammen sein konnten. Alles lief prima, zumindest vorübergehend.

Mit der Zeit wuchs jedoch die Unzufriedenheit unter Konstanzes Verwandten. Vor allem ihrer Großtante Ilse missfiel die Rolle, die ihre Nichte im Zusammenhang mit dem Gemüseladen offensichtlich zu spielen hatte. Nicht nur arbeitete Konstanze inzwischen voll im Geschäft, mehrfach brachte sie zudem erhebliche Beträge ihres Ersparten ins Geschäft ein. Zwar machte ihr Soran immer wieder Versprechungen, doch erhielt sie für ihren Einsatz keine Gegenleistung, ganz zu schweigen von einem festen Gehalt. Sowohl Konstanze als auch ihre Großtante Ilse, die als ehemalige Bankangestellte ein feines Gespür für solche wirtschaftlichen Zusammenhänge hatte, gewannen den Eindruck, dass Soran der einzige Profiteur dieses Unternehmens war, während alle anderen nur die leidige Arbeit erledigen sollten. Diesen unhaltbaren Zustand wollten sie ein für alle Mal beenden.

Also nahm sich die Großtante der Sache an, machte eine betriebswirtschaftliche Rechnung auf und kam zu dem Resultat, dass ihre Enkeltochter und Asan das Geschäft gemeinsam für 10 000 Euro von seinem Bruder erwerben sollten. Ilse war bereit, den Kauf als Investition in die Zukunft des jungen Paares aus ihrem eigenen Vermögen zu finanzieren. Als sie den beiden ihre Überlegungen darlegte, verknüpfte sie ihr großzügiges

Angebot mit einem sehr deutlichen Hinweis an Asan, er möge umgehend mit seinem Bruder die Verhältnisse klären. Vor allem sollte er Soran klarmachen, dass es so, wie es bisher gelaufen sei, nicht weitergehen könne. Zudem bestand sie auf einen schriftlichen Vertrag, mit einem kurdischen Ehrenwort wollte sie sich nicht zufriedengeben.

Asan sprach daraufhin tatsächlich mit seinem Bruder, allerdings anders, als die Großtante es von ihm erwartet hatte. Das hatte seine Gründe. Nach den Vorstellungen ihres Kulturkreises war es undenkbar, dass Asan seinem ältesten Bruder Vorschriften machte oder ihn auch nur zurechtwies. Neben dem – nicht anwesenden – Vater war Soran die nächste Respektsperson, so dass es sich wie selbstverständlich verbot, ihn unter Druck zu setzen. Genau das aber verlangte seine »neue« Familie von ihm. Möglich, dass Soran im ersten Moment nicht abgeneigt war, sich auf dieses Geschäft einzulassen. Immerhin hätte er so 10 000 Euro auf einen Schlag verdienen können. Doch nachdem er einige Tage gründlich über Asans »Angebot« nachgedacht hatte, kam eine solche Lösung für ihn nicht in Betracht. Er kannte seinen Bruder und wusste, dass er zu sanft und zu schwach war, um das Geschäft eigenverantwortlich zu führen. Das hieß, dass Konstanze und ihre Großtante die Kontrolle übernehmen würden. Dies wollte Soran aus zwei Gründen unter keinen Umständen zulassen. Zum einen gefiel ihm der Gedanke nicht, dass sein Laden faktisch in die Hände von Deutschen gelangte. Zum anderen würde er dann endgültig auf seine regelmäßigen Zusatzeinkünfte verzichten müssen. Trotzdem kam ihm das von seinem

Bruder überbrachte Angebot recht. Er sah darin die Gelegenheit, einen schon lange schwelenden Konflikt mit seiner Freundin Natascha zu lösen. Schon seit geraumer Zeit lag sie ihm ständig mit der Forderung in den Ohren, sich eine andere »Strohfrau« für den Laden zu suchen. Sie war es leid, sich immer wieder – wenn auch nur am Rande – damit beschäftigen zu müssen, außerdem hatte sie Angst, am Ende für mögliche Schulden einstehen zu müssen. Deshalb ließ Soran sich zum Schein auf das Geschäft ein und erklärte sich bereit, beim Gewerbeamt einer Umschreibung auf Konstanze zuzustimmen.

Doch auch nachdem Konstanze beim Gewerbeamt als Inhaberin des Ladens eingetragen war, änderte sich nichts an den Umständen. Konstanze und Asan machten die Arbeit und bezahlten die Rechnungen, während Soran nach wie vor einen großen Anteil der Einnahmen für sich beanspruchte. Konstanzes Großtante Ilse wurde von Tag zu Tag ungeduldiger und stellte Asan immer häufiger zur Rede. Sie forderte von ihm, sich endlich gegenüber seinem Bruder durchzusetzen, während Soran, geschützt durch die Familienhierarchie, unnachgiebig blieb.

So verhärteten sich die Fronten in den folgenden Monaten immer mehr, ohne dass es je zu einer befriedigenden Lösung kam. Dazwischen aber stand der sensible Asan, der in einen grundlegenden Loyalitätskonflikt geriet – auf der einen Seite das in Deutschland lebende Oberhaupt seiner leiblichen Familie, auf der anderen Seite seine »neue« Familie, in der er sich seit langer Zeit zum ersten Mal wieder richtig geborgen fühlte, weil sie ihn an sein früheres Leben in der Großfamilie erinnerte. Die eine Seite konnte er, die andere Seite wollte er nicht verlieren. Eine ausweglose Situation, das Muster einer antiken Tragödie.

Und dann holte Asan auch noch eine alte Geschichte ein. Bisher hatte er erfolgreich verdrängen können, dass er sich illegal in Deutschland aufhielt. Doch nun wollte er mit diesem Geheimnis nicht länger leben und offenbarte sich den Mitgliedern seiner neuen Familie. Für sie brach keine Welt zusammen, doch rechtschaffen, wie sie waren, mochten sie den Schwebezustand auch nicht hinnehmen. Also holten sie sich Rat bei einem Rechtsanwalt und nahmen Kontakt mit der Ausländerbehörde auf. Bevor es ihnen jedoch gelang, etwas verbindlich zu regeln, wurde Asan in den Iran abgeschoben.

Sofort setzten Konstanze und ihre Familie alle Hebel in Bewegung, damit Asan wieder nach Deutschland und zu seiner Lebensgefährtin zurückkehren konnte: Sie beglichen sämtliche Kosten der Abschiebung und trafen alle Vorbereitungen dafür, dass Konstanze zu Asan in den Iran reisen und ihn dort heiraten konnte. Für alle diese Mühen hatte sich inzwischen ein weiterer schwerwiegender Grund ergeben: Wenige Stunden nach Asans Abschiebung hatte Konstanze erfahren, dass sie schwanger war. Noch am selben Tag rief sie ihn an und erzählte ihm von den Neuigkeiten. Seine Freude war grenzenlos, schon lange hatte Asan sich ein Kind von Konstanze gewünscht, um endlich auch eine eigene Familie zu gründen. Ohne Zögern willigte er in die Hochzeitspläne ein, und beide träumten von ihrem zukünftigen gemeinsamen Glück.

Was zu diesem Zeitpunkt noch niemand ahnte, war,

dass Asan langsam aus der Realität in eine Wahnwirklichkeit abglitt. Seine Psyche hatte bereits durch die Dauerauseinandersetzung um den Gemüseladen – die auch in seiner erzwungenen Abwesenheit kein Ende nehmen sollte – Schaden genommen. Dann kam die Abschiebung, die ihn jäh aus seinem neuen Leben riss. In diesem labilen Zustand erhielt er die Nachricht von der Schwangerschaft seiner angehenden Frau. Vor diesem Hintergrund war es kein Wunder, dass die Freude und die angenehmen Tagträume bald von ersten Zweifeln zersetzt wurden. War er wirklich der Vater dieses Kindes? War dies überhaupt möglich, wo er doch die letzten Wochen überhaupt nicht bei Konstanze gewesen war? Seine anfänglich nur sporadisch auftauchenden Zweifel wurden mit der Zeit immer stärker und quälten ihn in immer kürzeren Abständen. An diesem Punkt seines Lebens stand Asan an einer Weggabelung. Noch konnte alles gutgehen. Wenn nicht, ja wenn er nicht weiter unaufhörlich unter Druck gesetzt worden wäre.

Von diesen komplizierten inneren Vorgängen erfuhren wir erst sehr viel später durch den psychiatrischen Sachverständigen. Der Druck auf Asan wuchs, weil das Gerücht gesät wurde, Asan könne schon rein rechnerisch gar nicht der Vater des Kindes sein. Das halbe Dorf in der deutschen Wahlheimat redete über dieses Thema, so dass es kein Wunder war, dass auch Soran irgendwann Wind davon bekam. Der erzählte es Asan brühwarm weiter, witterte er doch endlich die Chance, die lästige deutsche Familie loszuwerden. Zu diesem Zweck intervenierte er auch bei ihrem Vater, er möge die geplante Hochzeit noch verhindern, weil die Braut den Sohn und Bruder enterbt habe. All diese Spekulationen um ihn herum waren Wasser auf die ohnehin schon zu schnell rotierenden Mühlen in Asans Gehirn. Er sah seine eigenen Zweifel von Außenstehenden bestätigt. Damit, so seine immer festere Überzeugung, konnten sie nicht nur sein Hirngespinst sein.

Es gibt keinen Grund, länger im Dunkeln zu lassen, ob Asan nun der Vater des Kindes gewesen ist oder nicht. Um diese Frage in der Hauptverhandlung zweifelsfrei zu klären, beauftragten wir einen Genetiker von der Universität mit der Erstellung eines Abstammungsgutachtens. Das Resultat war eindeutig: Asan war der Vater des Kindes, das Konstanze erwartete. Alles andere war böses, hinterhältiges Gerede. Dieses allerdings hatte erhebliche Folgen für Asans seelische Gesundheit. Er hatte damals keinerlei Beleg für die Vaterschaft, mit dem er sich vor den Gerüchten hätte schützen können. Entsprechend verschlechterte sich seine psychische Verfassung von Tag zu Tag.

In dieser Zeit hatte Asan plötzlich eine Halluzination: Er hörte in einer kurdischen Radiosendung eine deutsche Stimme sprechen, die er dem Bundeskriminalamt zuordnete. Erste deutliche Hinweise auf eine herannahende schizophrene Erkrankung.

Asan geriet in eine psychische Abwärtsspirale, die nichts und niemand mehr aufhalten konnte. Auch nicht die trotz aller Unkenrufe durchgeführte Hochzeit, zu der Konstanze für einige Tage in den Iran reiste und die in Anwesenheit aller lokalen Honoratioren nach kurdischer Tradition gefeiert wurde. Im Gegenteil: In Bezug auf seine psychische Gesundheit lud sich Asan durch diese Hochzeit eine weitere schwere Bürde auf. Er hatte vor den Augen der »ganzen Welt« eine Frau geheiratet, von der er selbst inzwischen glaubte, dass sie ihn »entehrt« hatte. Würde sich jetzt herausstellen, dass seine Zweifel an Konstanzes Treue berechtigt waren, dann stünde er auch vor seinen Eltern und seiner gesamten Familie als gehörnter Ehemann da. Seine Ehe mit Konstanze und ihre gemeinsame Elternschaft waren zu einem öffentlichen Ereignis geworden, das den Druck auf ihn erhöhte und seine Lage noch prekärer machte.

Erschwert wurden die Umstände zudem dadurch, dass Konstanze zunächst ohne ihn nach Deutschland zurückreisen musste, weil Asan vor einer – nunmehr legalen – Einreise nach Deutschland noch einige Behördengänge im Iran erledigen musste. In Telefonaten mit Konstanze äußerte er nun offen Zweifel an seiner Vaterschaft und ließ sich auch durch Versicherungen aller Familienmitglieder hinsichtlich Konstanzes Treue nicht mehr davon abbringen. Zu den Zweifeln gesellten sich bei Asan bald Wahnvorstellungen, die im Lauf der nächsten Wochen immer größeren Raum einnahmen. Im Verlauf eines Telefonats »hörte« er Stöhngeräusche und war sich sicher, dass Konstanze gerade sexuell mit einem anderen Mann verkehrte. Während eines anderen Telefonats meinte er belauscht zu haben, wie Konstanzes gesamte Familie im Hintergrund auf sie einredete und sie drängte, sich endlich von Asan zu trennen. Nichts von dem war real, wir sind all diesen

Dingen in der Hauptverhandlung nachgegangen. Bis zuletzt war Konstanze über beide Ohren in Asan verliebt und stand trotz der Vorwürfe zu ihm, und auch ihre Familie setzte sich mit großer Mühe und erheblichem finanziellen Aufwand weiter für die Rückkehr Asans nach Deutschland ein. Selbst lange Zeit nach dem Tod ihrer Tochter wollten weder die Eltern noch die Großtanten an die Täterschaft von Asan glauben, so sehr widersprach schon die bloße Vorstellung ihren Empfindungen für ihn.

Obwohl es also objektiv keinerlei Anlass dafür gab, steigerte sich Asan immer mehr hinein in die konstruierte Wirklichkeit, dass Konstanze einen anderen Mann und seine »neue« Familie sich gegen ihn verschworen hatte.

Wie haben wir all diese Umstände in Erfahrung gebracht? Wie konnten wir uns ausreichend Gewissheit über Asans innere Zerrissenheit und seine beständigen Zweifel an der Treue seiner Frau verschaffen? Das innere Erleben von Menschen lässt sich nicht objektiv erkunden. Entsprechend lässt sich auch in Strafverfahren nur sehr schwer Zuverlässiges darüber in Erfahrung bringen. Dennoch kommt diesen subjektiven Aspekten vor und während des Tatgeschehens eine enorme Bedeutung zu, weil sie Aufschluss über das Tatmotiv und die seelische Gesundheit des Angeklagten geben. Deshalb ist das Gericht dazu verpflichtet, auch die psychischen Hintergründe einer Tat so weit wie möglich zu ergründen. Übliche Hilfsmittel zur Erforschung dieser Aspekte sind zum einen Psychiater und Psychologen, zum anderen dem Täter nahestehende Personen, die im Prozess als Zeugen vernommen werden können.

Der Psychiater, den wir mit der Erstattung eines psychiatrischen Gutachtens betraut hatten, konnte uns einen guten Einblick in Asans Gedanken und Gefühle vor der Tat vermitteln. Er hatte mit dem Angeklagten persönliche Gespräche geführt, von denen er detailliert berichtete. Mehr Authentizität boten uns allerdings die Gespräche, die Asan bis kurz vor der Tat am Telefon mit einer Person aus Hamburg geführt hatte.

Angeklagte, die sich im Auftrag eines Gerichts einer psychiatrischen Begutachtung unterziehen müssen, wissen, dass alles, was sie im Rahmen der Exploration dem Gutachter anvertrauen, in der nachfolgenden Hauptverhandlung zur Sprache kommen kann. Sie können daher der Versuchung erliegen, sich und ihre Lebensgeschichte besonders günstig darzustellen. Zu einem solchen »taktischen« Vorgehen gibt es bei Gesprächen jenseits eines Strafverfahrens keinen Grund.

Jede Telefonverbindung wird für ein halbes Jahr gespeichert. Auf gerichtlichen Beschluss sind die jeweiligen Anbieter verpflichtet, die Daten herauszugeben. Davon machten wir Gebrauch und veranlassten, dass die Daten danach ausgewertet wurden, wann, mit wem und wie lange Asan in den letzten Wochen vor seiner Tat telefoniert hatte. So wurden wir darauf aufmerksam, dass er in dieser Zeit etwa hundert Gespräche mit einer Person in Hamburg geführt hatte. Um wen es sich dabei handelte, war schnell geklärt. Wir hatten keine Zweifel, dass Asans langjährige Freundin Anke etwas zur Aufklärung in diesem Verfahren beitragen konnte. Also haben wir sie als Zeugin geladen und in der Hauptverhandlung sehr ausführlich vernommen.

Die Frau war eine hervorragende Zeugin, die den wesentlichen Inhalt der Telefonate mit großer Sensibilität wiedergeben konnte. Für sie stand außer Frage, dass es Asan in dieser Zeit sehr schlechtgegangen war. Er sei niedergeschlagen, voller Düsternis und von Zweifeln geplagt gewesen. Immer wieder habe er überzeugt geäußert, dass er nicht der Vater des Kindes und in der Familie seiner Frau nicht mehr willkommen sei. Diese Gedanken, so Anke, hätten ihm vor allem deshalb so schwer zugesetzt, weil er ein ausgesprochener Familienmensch sei. Jeder Versuch ihrerseits, ihm Mut zuzusprechen und ihn zu beruhigen, sei fehlgeschlagen. Schon beim nächsten Anruf hätte er die gleichen Probleme erneut vorgetragen. Selbst ihr, die sie sonst für jedermanns Probleme stets ein offenes Ohr habe, sei es schließlich zu viel geworden. Sie sei zum Schluss nicht mehr ans Telefon gegangen, wenn sie gesehen habe, dass es Asan war, der anrief. Angesichts dieser sehr lebensnahen und detailreichen Schilderungen der Zeugin stand für uns außer Zweifel, dass Asan schon damals nicht einfach nur unter Eifersucht gelitten hatte. Sein Verhalten wies deutlich pathologische Züge auf.

Einige Tage vor Ostern stand Asan plötzlich bei Konstanzes Familie vor der Tür. Er war nach Deutschland zurückgekehrt, ohne jemandem etwas davon zu erzählen. Die Freude über seine Rückkehr war riesig, wenn sich auch alle darüber wunderten, dass Asan sich nicht angekündigt hatte, damit sie ihn bereits in Berlin am Flughafen hätten begrüßen und abholen können. Asan hielt mit seinem Grund für sein überraschendes Erscheinen nicht hinterm Berg: Er habe Konstanze mit dem anderen Mann in flagranti erwischen wollen. Alle reagierten zunächst bestürzt und versicherten ihm dann, dass es keinen anderen gebe. Seine Skepsis und sein eigentümliches Verhalten werteten sie als übertriebene, aber unbedenkliche Eifersucht.

In den folgenden Wochen steigerte sich die »Wahndynamik« bei Asan. Immer wieder hörte er Stimmen, die ihm Befehle gaben und die ihn dermaßen quälten, dass er sich eines Abends, als er allein im Gemüseladen war, ein Messer in den Oberschenkel stach, um die Stimmen zu vertreiben. Hinzu kam, dass er sich von allen möglichen Personengruppen verfolgt fühlte. Stets glaubte er, dass völlig fremde und friedliche Leute etwas gegen ihn im Schilde führten. Eines Tages beobachteten Nachbarn ihn dabei, wie er das Haus verließ und sich an einer Ecke so postierte, dass er die Hauseingangstür beobachten konnte. Offenbar wollte er das Haus von Konstanzes Familie »observieren«.

All diese Merkwürdigkeiten wurden von den Familienmitgliedern weitgehend übersehen. Obwohl alle von der Polizei mehrfach als Zeugen vernommen wurden, berichtete keiner von ihnen über irgendwelche Verhaltensauffälligkeiten von Asan. Auch als wir in der Hauptverhandlung alle einzeln in den Zeugenstand riefen und diesen Aspekt bei der Vernehmung besonders hervorhoben, wollten sich weder die Eltern noch die Großtanten an eine Besonderheit im Verhalten von Asan erinnern. Genau dies ließ uns zu Beginn des Verfahrens erheblich daran zweifeln, dass Asan tatsächlich ein ernstzunehmendes psychisches Problem hatte, erst recht keines, das Auswirkungen auf seine Schuldfähigkeit haben könnte. Anfangs hielten wir es durchaus für wahrscheinlich, dass Asan für das Verfahren eine seelische Erkrankung simulierte, um mit einem geringeren Strafmaß davonzukommen. Am Ende des Verfahrens wussten wir es besser.

Im Juni, drei Monate nach Asans Rückkehr aus dem Iran, schloss Asan gegen 23 Uhr nach einem langen Tag im Gemüseladen die Haustür auf und traf im Wohnzimmer seine Frau und ihre Mutter an, die in gelöster Stimmung vor dem Fernseher saßen. Konstanze und Asan begrüßten sich wie ein frischverliebtes Paar, liebevoll streichelte er ihren schwangeren Bauch. Anschließend nahmen sie gemeinsam ein heißes Bad. Nichts deutete darauf hin, dass einige Stunden später etwas Schreckliches geschehen würde. Bevor sich das Paar ganz in sein Reich zurückzog, schauten sie kurz bei Konstanzes Großtante Margot vorbei, die zur späten Stunde noch las. Auch dieses Treffen verlief, so schilderte die Großtante es später als Zeugin, ohne eine nennenswerte Besonderheit. Gegen halb zwei begaben Asan und Konstanze sich in ihre Zimmer im Dachstuhl.

Was sich im unmittelbaren Zeitraum vor der Tat zwischen ihnen wirklich ereignet hat, weiß außer Asan heute keiner mehr. Dem Psychiater hat er während der Exploration lediglich mitgeteilt, dass es zwischen ihm und seiner Frau zu einem Streit gekommen sei. Sie habe ihm nicht erlauben wollen, noch fernzusehen, und dann habe er auch noch den Stoffbären nicht finden können, mit dem er seit einer Weile dem noch ungeborenen Kind im Bauch seiner Mutter allabendlich eine gute Nacht gewünscht hatte. Asan witterte sofort eine Absicht dahinter, er bildete sich ein, dass seine Frau den Bären absichtlich vor ihm versteckt hatte. Und dieser Gedanke steigerte sich für ihn zu der Gewissheit, dass künftig nicht er derjenige sein würde, der den Teddy »in der Hand« hielt und Konstanzes Kind eine gute Nacht wünschte. So wurde das verschwundene Stofftier für ihn zum Beweis für eine von ihm schon seit Wochen phantasierte systematische Ausgrenzung aus der Familie. Dies war der Moment, in dem Asans Wahn durch eine Initialhandlung beziehungsweise -tat ungebremst und schonungslos zum Ausbruch kam. Bisher war er noch imstande gewesen, mit Hilfe einer »doppelten Buchführung« nach außen hin den Schein der Normalität zu wahren, auch wenn in ihm schon seit Monaten massives »Wahnerleben« tobte. Doch in dem Augenblick scheinbarer Gewissheit nahm der Wahn vollständig von ihm Besitz, die bisherige Existenz in zwei Parallelwelten reduzierte sich auf nur noch eine, und zwar auf die falsche.

Kurz nachdem Konstanze eingeschlafen war, holte Asan ein Messer aus der Küche und stach damit zwölfmal in ihre Körperseite, wobei er fünf Stiche in den Bereich des schwangeren Bauches führte. Er führte die Messerstiche so rabiat aus, dass die Klinge sich verbog und die Spurensicherung später Blut sowie Gewebeteile des Opfers an der Wand und sogar an der Zimmerdecke fand. Nach Auskunft der Rechtsmediziner lebte Konstanze noch einige Minuten, bevor sie schließlich verblutete. Außerdem ergab die Obduktion, dass die Messerstiche das ungeborene Kind nicht erreicht hatten; es starb durch Ersticken, nachdem es von der Toten nicht mehr versorgt werden konnte. Konstanze wurde am nächsten Morgen von ihrer Mutter gefunden.

Nach der Tat verließ Asan fluchtartig das Haus und versteckte sich in Hamburg, wo er einige Wochen später nach einer erfolgreichen Zielfahndung der Polizei vom SEK festgenommen wurde. Der Gesuchte befand sich bei der Festnahme in einem erheblich verwirrten Zustand.

Der Tatverdacht war gleich zu Anfang auf Asan gefallen. Nach den Aussagen der Angehörigen musste er sich als Letzter bei Konstanze aufgehalten haben. Hinweise auf andere Täter ergaben sich nicht, zumal Soran, der einzige Mensch, dem Konstanzes Familie ein Motiv zutraute, ein Alibi hatte. Am stärksten wog jedoch, dass Asan sich offensichtlich auf der Flucht befand.

In den Medien tauchte schnell der Begriff »Ehrenmord« auf. Doch damit hatte unser Fall überhaupt nichts zu tun. Denn in Asans Leben – wie auch in dem seines Bruders – spielte Religion so gut wie keine Rolle. Deshalb wurde der Begriff »Ehrenmord« im Gerichtsverfahren nicht ein einziges Mal erwähnt.

Stattdessen stand bald ein anderer Begriff im Zentrum des Verfahrens: Schuldfähigkeit. Die Staatsanwaltschaft sah – wie zunächst auch wir Richter – keine Anhaltspunkte dafür, dass Asan sich bereits zum Zeitpunkt der Tat und nicht erst bei der Verhaftung in einem Zustand psychischer Verwirrung befunden haben könnte. Daher gab es bis auf weiteres keinen Grund, an seiner Schuldfähigkeit zu zweifeln. Ob Asan im Anschluss oder gar als Folge der Tat nachweisbar psychisch erkrankt war, spielte für die Beurteilung der Schuldfähigkeit keine Rolle. Und wie ich bereits betont habe, ließen sich aus den umfangreichen Vernehmungen aller Angehörigen keine Hinweise entnehmen, dass Asan schon vorher unter einer psychischen Störung gelitten hatte. Aus diesem Grund erhob die Staatsanwaltschaft beim Schwurgericht eine »normale« Mordanklage gegen den Ehemann des Opfers.

In dem anschließenden Zwischenverfahren, in dem wir darüber zu entscheiden hatten, ob das Strafverfahren gegen den Angeschuldigten eröffnet wird, erhielten wir über die Verteidigung massive Hinweise auf eine schwere psychische Erkrankung des mutmaßlichen Täters. Damit war nicht ausgeschlossen, dass Asan auch schon zum Zeitpunkt der angeklagten Tat krank und damit eventuell schuldunfähig gewesen war. In diesem Fall aber käme eine Verurteilung wegen Mordes nicht in Betracht, weil es eben an der für jede Straftat erforderlichen Schuld des Täters gemangelt hätte. Für Situationen dieser Art sieht das Strafprozessrecht eine besondere Verfahrensart vor, das sogenannte Sicherungsverfahren. Am Ende eines solchen Verfahrens steht die Einweisung des Beschuldigten in eine psychiatrische Anstalt, vorausgesetzt das Gericht gelangt in seinem Urteil zu der Einschätzung, dass er eine (schwere) Straftat im Zustand der Schuldunfähigkeit begangen hat.

Da wir diese Frage in Bezug auf Asan mit eigener

Sachkunde nicht beantworten konnten, mussten wir einen psychiatrischen Sachverständigen beauftragen, ein Gutachten zu erstellen, das vor allem auf diesen entscheidenden Aspekt einging. In der Zwischenzeit wollten wir uns jedoch auch selbst ein Bild von Asan machen. Wir mussten ohnehin entscheiden, ob der Angeklagte bis zur Urteilsverkündung vorläufig in einem psychiatrischen Krankenhaus untergebracht werden sollte, also beschlossen wir, ihn persönlich anzuhören.

Vor uns saß ein junger Mann, der wirres Zeug redete und auch von seinem Verteidiger nicht in den Griff zu bekommen war. Auf mich persönlich wirkte sein Verhalten von Anfang an nicht gespielt, auch wenn immer letzte Zweifel daran bleiben. Denn es hat schon Fälle gegeben, davon hat uns der Sachverständige erzählt, in denen die Täter ihre psychische Erkrankung nur vortäuschten, ohne dass dies für einen Laien auszumachen war.

Hier lag die Sache jedoch anders. In seinem vorläufigen Gutachten kam der Sachverständige zu einem ungewohnt eindeutigen Ergebnis: Asan leide an einer paranoiden Schizophrenie, und zwar mit an Sicherheit grenzender Wahrscheinlichkeit schon vor der Tat. Aufgrund dieser schizophren-psychotischen Erkrankung sei er nicht in der Lage gewesen, sein Handeln als Unrecht zu erkennen. Wieder waren wir einen Schritt weiter, allerdings stand damit auch fest, dass wir die von der Staatsanwaltschaft erhobene Anklage nicht zur Hauptverhandlung zulassen konnten, da die Voraussetzungen dafür nicht erfüllt waren. Eine Verurteilung Asans wegen Mordes war aufgrund seiner voraussichtlich fehlenden Schuld nicht hinreichend wahrscheinlich. Daher empfahlen wir der Staatsanwaltschaft, die Anklageschrift zurückzunehmen und die Durchführung eines Sicherungsverfahrens zu beantragen. Diesem Rat ist die Staatsanwaltschaft gefolgt, auch wenn ihre Zweifel im Hinblick auf die Schuldfähigkeit von Asan selbst durch die Ausführungen des Gutachters nicht restlos ausgeräumt wurden.

Das Sicherungsverfahren teilte sich in zwei klar voneinander abgrenzbare Blöcke. Zum einen hatten wir auch hier festzustellen, ob Asan die Tat auch tatsächlich begangen hatte. Da Asan zur Tat selbst nichts sagen konnte beziehungsweise wollte, mussten wir eine umfangreiche Beweisaufnahme auch zum Tatgeschehen selbst durchführen. Am Ende hatten wir aber keine vernünftigen Zweifel daran, dass Asan die Tat begangen hatte. Für uns wie auch für die Staatsanwaltschaft gab es keine andere vernünftige Erklärung für das Geschehene.

Der andere Teil des Verfahrens widmete sich dem endgültigen psychiatrischen Gutachten, das der bestellte Sachverständige in der Hauptverhandlung mündlich erstattete. Wer bis dahin noch Zweifel daran gehegt hatte, dass Asan bereits zum Zeitpunkt der Tat psychisch schwer krank war, wurde durch die Ausführungen vom Gegenteil überzeugt. Alle Verfahrensbeteiligten waren sich im Anschluss an den beeindruckenden Vortrag des psychiatrischen Gutachters einig, dass Asans Schuldunfähigkeit als erwiesen gelten konnte. Ich hatte schon zahlreiche psychiatrische Expertisen gehört, aber nie vorher eine, die so überzeugend war, dass man sich der Einschätzung ganz und gar anschließen konnte. Auf einmal ergab sich ein Gesamtbild, mit dem sich viele offene Fragen schlüssig beantworten ließen.

In Gerichtsverfahren gilt: Je überzeugender der Sachverständige ist, desto eher lässt sich ein Urteil auf seine Expertise stützen. Wie immer im Leben kommt es dabei nicht nur auf die Inhalte an, sondern auch darauf, wie glaubwürdig der Sachverständige wirkt und wie gut er es versteht, auf die anwesenden Parteien und ihre Fragen und Zweifel einzugehen. Gerade Letzteres ist dem Psychiater in diesem Verfahren sehr gut gelungen. Er war restlos überzeugend.

Die Schizophrenie, an der Asan auch heute noch leidet, ist in erster Linie eine erblich bedingte Erkrankung, deren Ausbruch indes häufig von äußeren Faktoren bestimmt wird. So verhielt es sich auch hier. Ausgelöst hatte die in Asan schon lange schlummernde Erkrankung der Druck, dem er wegen der Auseinandersetzung um Sorans Gemüseladen und wegen der Gerüchte um seine Vaterschaft ausgesetzt war. Er hatte große Angst, entweder sein neu gefundenes Familienglück oder aber seine leibliche Familie zu verlieren. Dieses Spannungsverhältnis hat ihn in den Wahnsinn getrieben. Bei Asan kam noch hinzu, dass er an Epilepsie litt, die verhältnismäßig häufig zusammen mit einer Schizophrenie auftritt. Dass der Angeklagte schon zur Tatzeit an den wahnhaften Vorstellungen gelitten haben musste, ergab sich für den Psychiater aus den eindeutigen Symptomen, die Asan damals gezeigt hatte, allen voran die deutschen Stimmen in einer kurdischen Radiosendung und die Selbstverletzungen, die Asan sich beigebracht hatte, um die quälenden Stimmen zu verscheuchen.

Ich hatte im Wesentlichen nur noch eine Frage an den Sachverständigen. Auch wenn ich ziemlich sicher war, dass Asan seine seelische Erkrankung damals nicht nur vorgetäuscht hatte, wollte ich die professionelle Einschätzung dazu hören. Der Sachverständige schloss ein Vortäuschen aus mehreren Gründen aus, einer der Gründe war jedoch besonders eindrücklich: Während der Hauptverhandlung wurde Asan selbstverständlich schon medizinisch versorgt, so erhielt er unter anderem die Höchstdosis eines Antipsychotikums. Wie wirkte es sich denn aus, wenn ein solches Medikament einem gesunden Menschen verabreicht worden wäre? Hierzu hatte der Gutachter einen Selbstversuch durchgeführt und eine geringe Dosis des Medikaments eingenommen. Schon nach wenigen Tagen sei er nicht mehr in der Lage gewesen, die einfachsten, alltäglichen Dinge zu erledigen, es sei ihm hundsmiserabel gegangen. Und Asan erhielt die Höchstdosis! Aus Sicht des Sachverständigen konnte niemand so viel Selbstdisziplin aufbringen, ein Neuroleptikum ungeachtet der für einen gesunden Menschen kaum auszuhaltenden Nebenwirkungen weiterhin einzunehmen. Diese Einschätzung war auch für uns medizinische Laien leicht nachzuvollziehen. Danach hatten wir alle endgültig Klarheit.

Zum Schluss möchte ich noch auf eine andere Besonderheit eingehen, die diesen Fall von anderen Mordprozessen unterschied. Konstanzes Eltern nahmen an allen Verhandlungstagen als Nebenkläger teil. Dieser Umstand allein war noch nicht weiter ungewöhnlich, ist es doch inzwischen fast zur Regel geworden, dass sich die nächsten Angehörigen in dieser Funktion am Schwurgerichtsverfahren beteiligen. Das wichtigste Motiv dürfte darin liegen, dass Nebenkläger eigene Verfahrensrechte haben, die sie zur Überführung des Angeklagten einsetzen können: Sie dürfen sich durch einen Anwalt vertreten lassen, Beweisanträge stellen und bei der Vernehmung der Zeugen eigene Fragen stellen. Regelmäßig »kämpfen« die Nebenkläger auf der Seite der Staatsanwaltschaft, weil sie naheliegenderweise ein starkes Interesse daran haben, dass derjenige, der einen von ihnen geliebten Menschen schwer verletzt oder getötet hat, auch verurteilt wird.

Auch Konstanzes Eltern waren durch die von Asan begangene Tat schwer erschüttert. Sie hatten ihre Tochter für immer verloren und suchten selbst nach einer Erklärung dafür, wie es dazu hatte kommen können. Am Ende wussten sie, dass es eine Krankheit war, die Asan zu der Tat getrieben hatte, und so schlossen sie ihren Frieden mit ihm. Sie wussten nun, dass sie sich nicht so verhängnisvoll in einem Menschen getäuscht hatten, und erkannten, dass Asan selbst ein Opfer geworden war – das Opfer einer schweren psychischen Erkrankung. In diesem Punkt – und das ist das Besondere – waren sich Staatsanwaltschaft, Nebenkläger und Verteidigung schließlich einig.

Wir haben Asan mit unserem Urteil in einem psychiatrischen Krankenhaus untergebracht, das er erst wieder verlassen wird, wenn er gesund ist und keine Gefahr mehr für andere Menschen darstellt. Wann dieser Zeitpunkt gekommen ist, kann heute noch niemand absehen. Vielleicht kommt er auch nie.

Wallendes Haar

Nichts würde mehr so sein wie vorher. Weder für sie noch für ihre vierjährige Tochter. Sicher, sie hatte auch vor dem Verbrechen kein völlig unbeschwertes Leben geführt und schon die eine oder andere schlechte Erfahrung gemacht. Dennoch war sie alles in allem glücklich und unbekümmert, bevor es passierte.

Andrea Schiller war eine attraktive, alleinerziehende Mutter und lebte mit ihrer Tochter in einer gemütlich eingerichteten Wohnung in einer Kleinstadt. Der Vater des Kindes hatte beide im Stich gelassen. Anfangs war es nicht leicht gewesen, doch inzwischen war sie darüber hinweggekommen. Sie war sogar gerade wieder im Begriff, Vertrauen zu einem anderen Mann zu fassen, dem sie auch zutraute, ein guter Vater für ihre Tochter zu werden. Sie hatte lange rote Locken und trug ihre Haare mal offen, mal zu einem Zopf geflochten. Ihre schlanke Figur betonte sie gekonnt durch geschmackvolle und modische Kleidung. Sie war, so dachte ich mir, als ich sie zum ersten Mal im Gerichtssaal sah, keine Frau, um die man sich unter normalen Umständen Sorgen machen würde. Aber die Dinge waren eben nicht mehr normal.

Es war ein Tag wie jeder andere gewesen. Andrea hatte auch an diesem Tag wie immer ihre Pflichten erfüllt, die in erster Linie darin bestanden, sich um ihr kleines Kind zu kümmern. Nach ihrem Halbtagsjob in der Buchhaltung eines Getränkegroßhändlers hatte sie den Nachmittag mit ihrer Tochter verbracht. Die Kleine hatte ausgelassen gespielt, so dass es am Abend kein Problem war, sie ins Bett zu bringen. Selig und zufrieden schlief das Mädchen schnell ein.

Endlich hatte Andrea etwas Zeit für sich. Sie hatte nichts Besonderes geplant, sondern wollte sich einfach nur eine Weile auf dem Sofa vorm Fernseher berieseln lassen und entspannen. Ihr neuer Freund war auf Geschäftsreise, und sie hatte sich durchaus darauf gefreut, einen ganzen Abend nur für sich zu haben. Es entstand in ihr dieses wohlige Gefühl behüteter Einsamkeit, das man genießen kann, wenn man weiß, dass es nur ein vorübergehender Zustand sein wird. Sie schaltete das Licht aus und den Fernseher ein und legte sich auf die Couch.

Wie so oft in letzter Zeit dauerte es keine zwei Stunden, bis Andrea einschlief. Sie hatte es gerade noch geschafft, den Fernseher abzuschalten. Auf einmal wurde sie unsanft aus dem Tiefschlaf gerissen. Hatte es an ihrer Haustür geklingelt?, fragte sie sich, noch halb schlafend. Draußen war es inzwischen dunkel geworden, und da Andrea keine Lampe eingeschaltet hatte, war es auch in der Wohnung fast stockfinster – nur von der Straßenbeleuchtung schimmerte etwas Licht durch die Fenster. Sie konnte also so gut wie nichts sehen, aber sie hörte Stimmen, und die kamen eindeutig aus dem

Treppenhaus. Die zwei männlichen Stimmen waren so deutlich zu hören, dass sie ihrer Wohnung sehr nah sein mussten.

Während Andrea sich noch bemühte, richtig wach zu werden, bemerkte sie, dass sich jemand an ihrer Wohnungstür zu schaffen machte. Holz knarzte und splitterte, die Geräusche wurden immer lauter und bedrohlicher. Bis ihr plötzlich bewusst wurde, dass ganz offensichtlich gerade jemand im Begriff war, gewaltsam in ihre Wohnung einzudringen. Dann sah sie die Lichtstrahlen, die durch den immer größer werdenden Türspalt in ihre Wohnung schienen. Mit einer für Gefahrensituationen typischen Klarheit erkannte sie, dass die Tür dem Druck bald nachgeben würde. Ebenso klar dachte sie an ihr Kind, das im Nebenzimmer schlief. Ihm zuliebe musste sie mit allen Mitteln verhindern, dass diese Leute, wer auch immer sie waren, in ihre Wohnung gelangten. Sie sprang von der Couch auf und erreichte die Tür genau in dem Augenblick, in dem sie regelrecht aufgesprengt wurde. Andrea versuchte noch mit aller Kraft, sich von innen gegen die nunmehr offene Tür zu stemmen, aber vergeblich. Da das Treppenhauslicht sie blendete, konnte sie nicht erkennen, wer da vor ihrer Tür stand. Sie machte nur die unterschiedlich großen Umrisse zweier Männer aus. Bevor ihre Augen sich an die veränderten Lichtverhältnisse gewöhnen konnten, schlug einer der Männer mit einer zwei Kilogramm schweren Brechstange auf ihren Kopf ein. Insgesamt holte er fünfmal zum Schlag aus, vier trafen den Kopf, einer den Oberkörper des wehrlosen Opfers. Beim letzten Hieb auf die Schädeldecke

war Andrea schon durch die Wucht der vorangegange-
nen Schläge auf die Knie gesunken. Die straff gespannte
Kopfhaut riss an mehreren Stellen in einer Länge von
fünf bis zehn Zentimetern auf, binnen Sekunden war
Andreas Gesicht blutüberströmt, und auf dem hellen
Teppich bildeten sich Blutlachen. Die Bilder in den
Akten ließen ein wahres Gemetzel vermuten.

Nach diesem letzten Schlag rannten die beiden
Männer die Treppe hinunter und verschwanden in der
Dunkelheit der Nacht. Als wir Andrea viel später in der
Hauptverhandlung als Zeugin vernahmen, sagte sie
uns, dass sie die ganze Zeit nur an ihre kleine Tochter
gedacht habe. Ihr ganzes Handeln war allein von dem
Ziel geleitet gewesen, das vierjährige Mädchen vor dem
Bösen zu bewahren. Nur so konnten wir uns auch erklären, dass sie es in diesem Zustand überhaupt noch
schaffte, von ihrem Handy aus die Notrufnummer zu
wählen. Zusammen mit ihrem Kind, das sie inzwischen
geweckt hatte, wartete sie auf das Eintreffen von Polizei
und Notarztwagen. Wie wir später in der Verhandlung
von dem Opfer erfuhren, verfolgte der Anblick der
blutüberströmten Mutter das Mädchen noch Monate
nach der Tat in seinen Träumen.

Wie durch ein Wunder hatte Andrea keine knöchernen Verletzungen am Schädel erlitten. Die Platzwunden
wurden chirurgisch versorgt, das leichte Schädel-Hirn-
Trauma und die zahlreichen Hämatome verheilten
nahezu folgenlos. Trotzdem blieb etwas zurück: Äußerlich ist es nicht zu erkennen, aber es lastet mit großem
Gewicht auf ihr und ihrem Kind. Gegen die körperlichen Beeinträchtigungen half der Chirurg, und die

Schmerzen linderten Tabletten. Gegen die panischen Angstzustände hingegen, die sich plötzlich bei ihr einstellten, gab es kein schnell wirkendes Medikament, die Seele verweigerte sich einfach einer schnellen »Wundheilung«. Andrea war, wahrscheinlich für sehr lange Zeit, eine kranke Frau geworden. Die Leichtigkeit ihres Lebens war dahin. Ebenso die bis dahin unbeschwerte Kindheit ihrer Tochter. Viel zu früh begegnete das Mädchen zum ersten Mal schwerer Gewalt und musste auf brutale Weise die Erfahrung machen, dass nicht alle Menschen nur Gutes im Schilde führen. Seelische Wunden verarbeitet das kindliche Gehirn auf seine ganz eigene, hochkomplexe Art. Bis heute hat das Mädchen mit der Verarbeitung seiner Erlebnisse zu tun, immer wieder spielt es »Einbrecher«, um das Geschehene in seiner kindlichen Realität verstehbar zu machen.

Nur wenige Straßen von Andreas Wohnung entfernt hatten sich am Tattag Björn Grohne und Steve Willmann für den Abend verabredet. Sie hatten sich eine Kiste Bier besorgt, mit der sie es sich in dem ausgebauten, aber spartanisch eingerichteten Keller von Steves Wohnung gemütlich machen wollten. Eigentlich hatten die beiden jungen Männer nicht viel gemein. Schon ihre physische Erscheinung konnte kaum gegensätzlicher sein. Während Björn groß und breitschultrig war, erschien Steve eher klein und schmal. Ihre Gegensätzlichkeit setzte sich gewissermaßen in ihrem Wesen und ihrem Lebenswandel fort. Während Björn bereits seit frühester Jugend nicht nur durch mehrere Straftaten aufgefallen war, sondern auch durch die teilweise erhebliche Brutalität, mit der er zu Werke ging, war Steve strafrechtlich ein unbeschriebenes Blatt. In dieses Schema der Gegensätzlichkeit fügte sich auch das Auftreten der beiden ein. Björn trat uns als eloquenter und selbstbewusster Mann entgegen, der es durchaus verstand, uns seine Position selbst zu vermitteln, statt sich hinter seinem Verteidiger zu verstecken. Bei Steve hingegen hatten wir es mit einem scheuen und ausgesprochen zurückhaltenden Menschen zu tun, der kaum ein Wort herausbekam. Hätte er nicht seinen von uns bestellten Pflichtverteidiger an seiner Seite gehabt, wäre er heillos verloren gewesen, die Komplexität eines Strafverfahrens hätte ihn regelrecht zermahlen.

An seinem Beispiel wurde ein weiteres Mal deutlich, wie richtig es ist, dass das Gesetz dem Gericht die Beiordnung eines Pflichtverteidigers vor allem in Fällen der Schwerstkriminalität auferlegt. Zwar fehlt vielen Menschen das Verständnis dafür, dass Straftäter auch noch in den Genuss eines für sie »kostenlosen« Verteidigers gelangen, der für sie vielleicht sogar noch mit irgendwelchen juristischen Kniffen eine geringere Strafe oder gar einen Freispruch »herausholt«. Sicher, auch dieses Mosaiksteinchen unseres Rechtsstaates kostet die Länder eine Menge Geld. Aber in den allermeisten Fällen ist der Angeklagte nun mal nicht in der Lage, sich selbst zu verteidigen. Ohne Pflichtverteidiger wäre er dem Verfahren schutzlos ausgeliefert, würde also quasi zum Objekt des Strafverfahrens. Der Schutz der Menschenwürde verbietet es jedoch, dem Angeklagten die »Subjektqualität« zu entziehen. Ob er schuldig oder unschuldig ist, darf dabei keine Rolle spielen.

Es ist wieder modern geworden, das menschliche Verhalten biologisch erklären zu wollen. Es ist verführerisch, auch hier zu soziobiologischen Erklärungsmustern zu greifen, denn, und das ist durchaus bemerkenswert, Björn und Steve stammten beide aus intakten Familienhäusern. Sie verlebten beide eine gewalt- und sorgenfreie Kindheit, wuchsen in einer in jeder Hinsicht normalen Umgebung auf. Ihre Eltern sind bis heute verheiratet, beide Elternteile waren stets berufstätig, und auch Alkohol spielte in ihren Familien keine besondere Rolle. Trotz dieser vergleichbaren Ausgangsbedingungen entwickelte sich der eine zu einem durch und durch kriminellen Menschen, wohingegen der andere ein weitgehend angepasstes Leben führte. Gibt es vielleicht doch das »Kriminalitätsgen«? Ist der Verlauf unseres Lebens in gewissem Umfang vorgegeben, unabhängig von Erziehung und gesellschaftlichem Einfluss? Diese Fragen werden von der Verhaltensbiologie und -psychologie schon seit Jahrzehnten gestellt, ohne dass es bislang gelungen wäre, darauf überzeugende Antworten zu finden.

So viel Björn und Steve auch voneinander trennte, gab es doch etwas, was sie miteinander verband und sie immer wieder zusammenführte: die Perspektivlosigkeit ihres Lebens, die für sie erträglicher wurde, indem sie ihren Frust miteinander teilten. Beide hatten ihre Ausbildung abgebrochen und sich nur gelegentlich als Ein-Euro-Jobber verdingt. Der Überfluss an freier Zeit verurteilte sie zum Nichtstun, nichts gab ihrem Dasein einen Sinn oder auch nur Antrieb. Und so saßen diese ungleich-gleichen Freunde oft zusammen und versuchten gemeinsam, die regelmäßig wiederkehrenden schlechten Gedanken zu vertreiben. So auch an diesem Abend. Zu Beginn war auch alles wie immer, Björn und Steve tranken eine Flasche Bier nach der anderen und redeten – manchmal auch über ihre Träume von einem anderen Leben. Doch ohne realistischen Ansatzpunkt für eine grundlegende Veränderung führten auch diese Gespräche nirgendwohin. Irgendwann, als mal wieder beide eine Weile stumm mit ihren Gedanken beschäftigt waren, sprach Björn plötzlich ein Thema an, das zwar ihm sehr vertraut war, mit dem Steve aber an diesem Abend zum allerersten Mal konfrontiert wurde.

»Ich kenne da eine Wohnung, gleich um die Ecke«, erklärte Björn. »Da lebt eine alleinstehende Frau mit ihrer kleinen Tochter, die beiden sind aber echt nur selten da. Vielleicht lässt sich da drin ja was auftreiben, was wir zu Geld machen können. Ich könnte jedenfalls dringend ein bisschen Kohle gebrauchen.« Auch Steve steckte in finanziellen Schwierigkeiten, darüber hatten sie sich im Verlauf des Abends bereits ausgiebig ausgetauscht. Aber er zögerte noch, ihm war klar, dass sein Kumpel ihn zu einem Wohnungseinbruch überreden wollte.

Doch Björn hatte bei Steve einen wunden Punkt getroffen. Der Gedanke, sich finanziell von dem einen auf den anderen Tag etwas Luft zu verschaffen, reizte ihn sehr. Einen Moment lang verspürte er ein Hochgefühl, das sich einstellt, wenn als unlösbar empfundene Probleme sich scheinbar plötzlich und unerwartet von selbst erledigen lassen. Im Grunde genommen war die Entscheidung genau in diesem Moment gefallen. Steve würde mitmachen, nur wusste er es selbst noch nicht.

Björn war dabei, ihn zu einem Verbrechen anzustiften, dies war für Steve trotz noch so rosiger Aussichten unverkennbar, also brachte er noch ein letztes Mal seine Zweifel an dem Vorhaben zum Ausdruck. »Woher wissen wir denn, dass die Frau ausgerechnet heute Abend nicht zu Hause ist? Und auch sonst niemand?«

Björns Antwort verriet, dass er sich schon länger mit diesem Plan beschäftigt haben musste: »Die Wohnung, von der ich rede, ist gut einsehbar. Da drin ist es sehr oft stockfinster, auch heute wieder, bevor ich zu dir gekommen bin. Da ist garantiert niemand in dieser Wohnung, da bin ich sicher. Außerdem können wir ja vorher nachsehen, ob das Licht brennt, und notfalls sogar klingeln. Wenn keiner aufmacht, wissen wir es genau.«

Mehr Überzeugungsarbeit war nicht nötig. Björn hatte Steve vollends auf seine Seite gezogen und ihn für den großen »Coup« gewonnen. Jetzt brauchten sie nur noch etwas, mit dem sie die Tür zur Wohnung aufbrechen konnten. Björn wusste ja, wie man so etwas machte, und fand im Keller tatsächlich das perfekte Werkzeug: eine Brechstange. Es war nach Mitternacht, als sie sich auf den Weg zu Andreas Wohnung machten.

Es hat nicht viel gefehlt und Andreas Leben wäre einer »Schnapsidee« zum Opfer gefallen. Gegen diese Art von trivialer Kriminalität kann man sich nicht wirksam schützen. Sie ist nicht berechenbar und kann willkürlich jeden treffen, weil sie so irrational ist. Was Verbrechen dieser Art so gefährlich macht, ist eben nicht minutiös geplantes Handeln professioneller Täter. Die Opfer sind insbesondere dann in Gefahr, wenn ein Einbruch oder Überfall aus einer Laune heraus begangen wird und von vorneherein zum Scheitern verurteilt ist. Andrea musste die brutalen Hiebe mit der Eisenstange deshalb einstecken, weil hier solch hoffnungslose Laien am Werk waren.

Das Ganze war ein Desaster, darüber konnte kein Zweifel bestehen. Nicht nur hatten Björn und Steve nichts erbeutet, die Sache war dazu noch derart aus dem Ruder gelaufen, dass sie einen Menschen schwer verletzt, vielleicht sogar getötet hatten. So schnell sie konnten, liefen sie nach der Tat zurück in den Keller von Steves Wohnung. Hatte Andrea sie gesehen? Würde sie in der Lage sein, eine Personenbeschreibung abzugeben? Die Männer mussten Vorkehrungen treffen. Sie ließen das Tatwerkzeug verschwinden, zogen sich um und sprachen ihre Aussage ab, für den Fall, dass sie gefasst werden sollten.

Der Täter kehrt immer zum Tatort zurück. Eine Binsenweisheit? Vielleicht. In unserem Fall jedenfalls sollte Björn genau das tun. Nachdem er sich nach etwa zwei Stunden von Steve verabschiedet hatte, konnte er seinem Drang, zu Andreas Wohnhaus zurückzukehren, nicht widerstehen. Inzwischen hatte die Polizei die Ermittlungen am Tatort aufgenommen und wie immer in solchen Fällen das Gebiet um das Wohnhaus weiträumig nach Spuren abgesucht. Es wimmelte nur so von Polizisten, und so war es geradezu unvermeidbar, dass Björn auf einen von ihnen stieß. Sosehr er sich darum bemühte, dem Polizeibeamten vorzugaukeln, er wäre nur zufällig an dem Wohnhaus vorbeigekommen, und scheinbar ahnungslos danach fragte, was denn hier los war, es sollte nicht funktionieren. Obwohl wir den betreffenden Polizisten später in der Hauptverhandlung als Zeugen vernommen haben, konnten wir nicht ergründen, was ihn auf die richtige Fährte gebracht hatte. Ob es nun eine bemerkenswerte Menschenkenntnis, reine Intuition oder eben die berühmte Binsenweisheit von der Polizeischule gewesen war, wir hatten es jedenfalls der Geistesgegenwart dieses Beamten zu verdanken, dass die Ermittlungen sofort in die richtige Richtung gingen.

»Wo kommen Sie jetzt eigentlich her, und wie haben Sie den heutigen Abend verbracht«, fragte er Björn unvermittelt. Etwas verwundert über die Wendung, die das Gespräch plötzlich für ihn nahm, antwortete er wie mit Steve abgesprochen: »Ich war den ganzen Abend bei einem Freund, wir haben in seinem Keller gesessen und Bier getrunken.« Der Polizist ließ sich mit dieser Erklärung nicht abschütteln und fasste hartnäckig nach: »Wer ist denn dieser Freund? Und haben Sie etwas dagegen, wenn wir jetzt zu ihm gehen und uns im Keller ein bisschen umsehen?«

Selbstverständlich hatte Björn etwas dagegen, doch gehörte es zu seiner Scharade, dem Polizisten das Gegenteil zu vermitteln. Und so machte sich noch in der Tatnacht eine Handvoll Polizeibeamter zusammen mit Björn auf den Weg zu Steves Wohnung, wo sie ihn noch wach antrafen. Sofort wurde auch Steve zu seinem Alibi befragt, und die Beamten durchsuchten Wohnung und Keller. Solange die Wohnungsinhaber damit einverstanden sind, benötigt die Polizei hierzu keinen Durchsuchungsbeschluss.

Die Beamten fanden nichts, womit sich eine Verbindung der beiden Männer zur Tat herstellen ließ. Zudem gab auch Steve pflichtschuldig die mit Björn abgesprochene Geschichte über den Verlauf der Tatnacht zu Protokoll. Objektiv betrachtet gab es also nichts, was weitere Ermittlungen gegen sie gerechtfertigt hätte. Doch Steves Verhalten bei seiner Vernehmung ließ die ermittelnden Beamten dennoch an ihrer Unschuld zweifeln, zudem spürten sie, dass Steve der Schwächere des Duos war. Wenn die beiden etwas mit der Tat zu tun hatten, dann würde sich die Phalanx des Lügens und Schweigens am ehesten bei ihm durchbrechen lassen. Zunächst aber mussten die Polizisten unverrichteter Dinge wieder abziehen, noch hatten sie ja gegen die beiden nichts in der Hand.

Als Andrea medizinisch versorgt und vernehmungsfähig war, wurde sie als Erstes gefragt, ob sie den oder die Täter gesehen hatte. Es war eigentlich nicht zu erwarten, dass sie besonders viel zur Aufklärung der Tat beitragen konnte, doch wieder einmal sollte sich auch hier zeigen, dass jedes kleinste Detail am Ende für die Überführung der Täter entscheidend sein kann. Zu den beiden Männern, die sie nachts in ihrer Wohnung überfallen hatten, konnte sie nur so viel sagen, dass der eine eher groß und breitschultrig und der andere eher klein und schmal gewesen sei. Ich bin mir sicher, dass schon in diesem Moment die Bilder von Björn und Steve wieder vor dem inneren Auge der Polizeibeamten auftauchten.

Hinzu kam aber etwas, von dem bislang nicht die Rede war, ein weiterer Beweis für die dilettantische Tatausführung. In einem Fernsehkrimi hätte ich das entsprechende Beweisstück als wenig kreative Erfindung des Drehbuchautors gewertet. Die Spurensicherung der Polizei fand in unmittelbarer Umgebung des Tatortes eine Stablampe, die sie sofort asservierten und zur kriminaltechnischen Untersuchung ins Labor brachten. Dort machten die Techniker schon mit bloßem Auge eine folgenschwere Entdeckung: Auf der Metallhülle der Lampe waren zwei Buchstaben eingeritzt, und zwar die Buchstaben S und W. Im Kontext dieses Falles waren dies für die Polizisten nicht irgendwelche Buchstaben, sondern die Initialen von Steves Vor- und Zunamen. Mehr Motivation brauchten die Beamten nicht, um sich noch einmal gründlich mit Björn und Steve zu beschäftigen, die spätestens jetzt zu ihren Hauptverdächtigen geworden waren.

Steve war nicht der Typ, der polizeilichem Druck lange standhalten konnte. Die Kriminalbeamten benötigten genau zwei Vernehmungen, um ihn zu einem umfassenden Geständnis zu bringen. Er war zu weich – und er hatte ein zu schlechtes Gewissen, um weiterzulügen. Er wollte jetzt endlich reinen Tisch machen. Björn war da anders, er blieb zunächst bei der mit Steve abgesprochenen Geschichte. Irgendwann erkannte aber auch er, dass es angesichts von Steves Geständnis sinnlos war, die Tat weiterhin abzustreiten.

Also verlegte sich Björn darauf, das Beste für sich herauszuholen. Dafür musste er den Großteil der Schuld auf Steve abwälzen, auf jemanden also, der, anders als er, aufgrund seines Vorlebens mit keiner so harten Strafe zu rechnen hatte. Auch das erleben wir in Strafverfahren immer wieder: wie aus ehemals verschworenen und sogar befreundeten Mittätern erbitterte Konkurrenten im Wettlauf um eine mildere Strafe werden. Diese taktischen Spielereien waren für uns aber Petitessen, in Bezug auf den jeweiligen Anteil an der Tat würde uns die Hauptverhandlung die notwendige Überzeugung bringen. Die Staatsanwaltschaft erhob Anklage gegen Björn und Steve wegen versuchten Mordes, wir ließen die Anklage zur Hauptverhandlung zu und eröffneten das Verfahren vor dem für Kapitalverbrechen zuständigen Schwurgericht.

Schon als ich die Akten zum ersten Mal gelesen hatte, wollte mir beim besten Willen nicht einleuchten, wie Björn und Steve zu der sicheren Überzeugung gelangt sein konnten, dass sich zum Tatzeitpunkt niemand in Andreas Wohnung aufhielt. Ich konnte mir einfach nicht vorstellen, dass sie bei der Planung der Tat keinen Gedanken an die Möglichkeit verschwendet hatten, auf frischer Tat ertappt zu werden. Hatten sie für diesen Fall ein Notfallszenario entworfen? Hatten sie vorher abgesprochen, wie sie reagieren würden, wenn doch jemand in der Wohnung war? War es zwischen ihnen eine ausgemachte Sache, in einem solchen Fall notfalls auch Gewalt anzuwenden?

Die Antworten auf diese Fragen waren vor allem für Steve von entscheidender Bedeutung, da von ihnen seine Bestrafung abhängen würde. Die allein von Björn ausgeführten Schläge mit dem Brecheisen konnten seinem Komplizen rechtlich nur dann zugerechnet werden, wenn vor der Tat beide gemeinsam den Entschluss gefasst hatten, gegebenenfalls mit Gewalt zu reagieren.

Hatten wir es dagegen mit einem Gewaltexzess zu tun, der mit Steve nicht abgesprochen und von ihm zu keinem Zeitpunkt gebilligt war, konnten wir ihn für diesen Teil der Tat nicht zur Verantwortung ziehen.

Nun waren wir in diesem Verfahren in der glücklichen Lage, dass die Angeklagten sich dazu entschlossen hatten, mit uns zu sprechen. Mehr als einmal fragte ich sie, wie sie denn inmitten der finsteren Nacht allein deshalb davon ausgehen konnten, dass sich niemand in der Wohnung aufhielt, weil dort kein Licht brannte und niemand auf ihr Klingeln reagierte. »Auch ich lasse, wenn ich zu Hause bin, nachts kein Licht in meinem Haus brennen und würde auch auf nächtliches Klingeln nicht ohne weiteres gleich aus dem Bett springen und mich bemerkbar machen. Das ist doch normales Verhalten.« Ich wollte eine plausible Antwort auf eine für mich so selbstverständliche Frage hören, ließ aber auch keinen Zweifel daran, dass sich für mich der Unsinn der gesamten Tat schon in diesen Überlegungen der Täter dokumentierte.

So abwegig die Vorstellungen der Angeklagten aus der Sicht eines vernunftbegabten Betrachters auch sein mögen, am Ende waren wir tatsächlich davon überzeugt, dass diese beiden Männer sich sicher gewesen waren, in der Wohnung niemanden anzutreffen. So sicher, dass sie bei der Tatplanung nicht einen Gedanken daran verschwendet hatten, dass es auch anders kommen könnte. Folglich haben sie auch nicht darüber gesprochen, wie sie mit einer solchen Situation hätten umgehen wollen. Unglaublich, aber wahr. Die Hiebe mit dem Brecheisen stellten sich als das alleinige Werk von Björn dar, sie waren nicht Bestandteil der gemeinsamen Tat. Damit war Steve, jedenfalls soweit es um das versuchte Tötungsdelikt ging, entlastet. Für ihn ging es fortan »nur« noch um den Wohnungseinbruch.

Für Björn aber ging es weiterhin um alles. Die Schläge mit dem Brecheisen hatte er eingeräumt. Aber hatte er damit auch einen versuchten Mord begangen? Wollte er Andrea in dieser Situation wirklich töten? An dieser Stelle des Verfahrens ging es also wieder einmal um die Frage: Tötungsvorsatz, ja oder nein. Ich habe an anderer Stelle schon ausgeführt, wie schwierig es in der Praxis ist, zuverlässige Aussagen zu den inneren Vorgängen eines Menschen und damit auch zu den Beweggründen des Täters zu treffen. Björn beteuerte natürlich, dass es nie seine Absicht war, Andrea zu töten. Sein einziges Ziel sei gewesen, unentdeckt fliehen zu können. Wir waren also auch in diesem Fall darauf angewiesen, aus den erwiesenen Tathandlungen Rückschlüsse auf die Motivation des Täters zu ziehen.

Man kann wohl mit Fug und Recht behaupten, dass jemand mit Tötungsvorsatz handelt, der einem Menschen mit einer zwei Kilo schweren Eisenstange mehrfach mit voller Wucht auf den Kopf schlägt. Wer so etwas tut, weiß, dass er damit einen Menschen umbringen kann. Das heißt, er nimmt die mögliche Todesfolge zumindest billigend in Kauf. Aber hatte Björn mit voller Wucht zugeschlagen? Ließ sich ermitteln, mit welcher Kraft die Brechstange auf sein Opfer eingewirkt hatte? Es war ja auch vorstellbar, dass Björn – absichtlich oder instinktiv – mit weniger Wucht zugeschlagen hatte. Das spräche dann eher gegen eine Tötungsabsicht.

Wenn es darum geht, den exakten Tatverlauf mit Hilfe von naturwissenschaftlichen Gesetzmäßigkeiten zu rekonstruieren, sind wir auf rechtsmedizinische Hilfe angewiesen. Nur ein Rechtsmediziner kann uns sagen, ob der Täter mit der linken oder mit der rechten Hand, von oben oder von unten, mit voller Kraft oder eher verhalten zugestochen bzw. zugeschlagen hat und ob es sich bei dem in einem Verfahren sichergestellten Gegenstand überhaupt um die Tatwaffe handeln kann.

Kaum ein Schwurgerichtsprozess kommt heute ohne die Mitwirkung von Rechtsmedizinern aus, sie sind inzwischen zu Prozessbeteiligten eigener Art geworden. Wir konnten also sehr zuversichtlich sein, dass wir von dem in diesem Verfahren von uns beauftragten Rechtsmediziner – das ist übrigens immer derjenige, der zum Zeitpunkt der Tat Dienst hatte – zuverlässige Antworten auf unsere drängenden Fragen erhalten würden. Auf den ersten Blick sah es auch so aus. Wir kannten den Mediziner bereits aus einer Vielzahl vorangegangener Verfahren. Und er kam zu vermeintlich eindeutigen Resultaten: Seiner Einschätzung nach bestand für das Opfer zwar keine akute Lebensgefahr, da die Schläge von Björn den Schädelknochen nicht verletzt hatten. Dennoch war der Sachverständige überzeugt, dass der Täter mit einiger Kraft zugeschlagen hatte. Als Grund nannte er das Ausmaß der an der Kopfhaut des Opfers festgestellten Platzwunden, die seiner Auffassung nach nur diesen Schluss zuließen. Weil der Schädel eines Menschen mehr oder weniger rund sei, könne es zu längeren Rissen in der Kopfhaut nur kommen, wenn der Täter mit großer Wucht zuschlage. Schließlich beendete

der Rechtsmediziner seine Ausführungen mit der Feststellung: »Dass Andrea Schiller im Ergebnis dennoch
keine knöchernen Verletzungen erlitten hat, liegt nur
daran, dass ihr dickes, üppiges und lockiges Haar eine
Bremswirkung entfaltet hat.«

Wir Richter schauten uns gegenseitig an. Andreas
wallendes Haar soll also in der Lage gewesen sein, eine
zwei Kilogramm schwere Eisenstange abzubremsen, die
angeblich mit großer Wucht gegen den Schädel geführt
worden war? Ihre Haarpracht sollte ihr das Leben geret-
tet haben?

Für gewöhnlich würde es mir nicht einfallen, das
Urteil eines Naturwissenschaftlers über physikalische
Zusammenhänge anzuzweifeln. In diesem Fall kamen
mir aber, und damit war ich nicht allein, schon auf den
ersten Blick erhebliche Zweifel. Keiner von uns, die
wir da auf der Richterbank des Schwurgerichts saßen,
konnte sich vorstellen, dass Haare, und seien sie noch
so dick, eine solche lebensrettende Wirkung entfalten
konnten. Fatal war schließlich, dass sich diese einmal
gesäten Zweifel auch nicht durch einen genaueren Blick
vertreiben ließen. War es nicht so, dass der Sachverständige von der Länge der auf der Kopfhaut verursachten
Platzwunden auf die Intensität der Schläge geschlossen
hatte? Angeblich sprach doch das von ihm ermittelte
Ausmaß der Verletzungen für wuchtige Schläge. Wo
blieb dann aber die Bremswirkung der Haare? Wenn
die Haare die wuchtigen Schläge gebremst haben, dürfte aber auch beim Opfer kein Verletzungsbild zurück-
bleiben, das gerade für kraftvoll ausgeführte Schläge
sprach. Irgendwie passte das alles nicht zusammen. Fast

am Ende des Verfahrens befanden wir uns unversehens in einer misslichen Lage. Das entscheidende »Hilfsmittel«, die Expertise des Rechtsmediziners, überzeugte uns nicht.

Es ist an dieser Stelle wichtig, zu verstehen, welche Rolle der Sachverständige in einem Strafverfahren spielt. So wenig Sachverständige der unterschiedlichsten Fachrichtungen aus der heutigen Prozesslandschaft wegzudenken sind und so unentbehrlich sie auch für den modernen Strafprozess inzwischen geworden sein mögen, dem Gesetz nach sind sie, und das ist nicht respektlos gemeint, nur »Gehilfen« des Gerichts. Sie haben eine unterstützende Funktion, sie sollen mit ihrer Sachkunde die Lücken schließen, die sich bei fachfremden Fragen in Gerichtsverfahren naturgemäß immer wieder auftun. Letztlich müssen aber wir Richter die Entscheidung treffen. Kein Gutachter dieser Welt kann uns diese Verantwortung abnehmen. Meist folgen wir den Einschätzungen der Sachverständigen. Aber in diesem Fall sahen wir uns außerstande, uns dem Ergebnis des Rechtsmediziners zu Lasten von Björn anzuschließen. Wir waren nicht davon überzeugt, dass er mit voller Wucht zugeschlagen hatte, weil an keiner Stelle des Schädels auch nur die feinste Fissur aufgetreten war. Wir mochten Andreas Haaren die von dem Sachverständigen ausgemachte »magische« Wirkung nicht zuerkennen.

Demnach konnten wir Björn auch nicht wegen versuchten Mordes verurteilen, nach unserer juristischen Bewertung fehlte der Tötungsvorsatz. Was blieb, waren eine gefährliche Körperverletzung und ein versuchter Wohnungseinbruchsdiebstahl. Erst vor kurzem hatte der Gesetzgeber den Strafrahmen für Letzteren auf ein halbes Jahr bis zu zehn Jahren Freiheitsstrafe angehoben. Damit trug er der inzwischen gewonnenen Erkenntnis Rechnung, dass viele Einbruchsopfer noch lange an den psychischen Folgen dieser massiven Verletzung ihrer Privatsphäre zu leiden haben. Nicht selten wird dabei ihr Urvertrauen zerstört. Gerade deshalb betrachteten wir die Verwirklichung dieses Straftatbestandes nicht als »Kavaliersdelikt«. Allen Beteiligten, auch Björns Verteidiger, war klar, dass der Angeklagte allein schon wegen seiner strafrechtlichen Vorbelastung mit einer empfindlichen Freiheitsstrafe zu rechnen hatte. Für eine Strafmilderung sprach nicht viel, außer vielleicht, dass er in der Hauptverhandlung glaubwürdig Reue gezeigt und sich bei Andrea entschuldigt hatte. Wir verurteilten ihn schließlich zu einer Freiheitsstrafe von insgesamt sechs Jahren.

Bei Steve schlug »nur« der versuchte Wohnungseinbruchsdiebstahl zu Buche. Dass wir gegen ihn lediglich eine Freiheitsstrafe von neun Monaten verhängten und diese auch noch zur Bewährung aussetzten, lag allein daran, dass er strafrechtlich bislang nicht in Erscheinung getreten war. Außerdem hatte er mit seinem frühen Geständnis die rasche Aufklärung und Ahndung der Tat ermöglicht. Steve werden wir nicht wiedersehen. Er hat aus seinem einmaligen Ausflug in die Welt des Verbrechens gelernt. Bei Björn hingegen bin ich skeptisch. Schon zu oft hat er das in ihn gesetzte Vertrauen enttäuscht.

Ständige Kopfschmerzen, Schwindel, Ohrensausen, Schlaflosigkeit, Angst vor der Außenwelt, Panikattacken in der Wohnung, posttraumatische Belastungsstörung und Arbeitsunfähigkeit. Die Tat bestimmt noch heute Andreas ganzes Leben. Und alles nur wegen einer wahnwitzigen Idee.

Eine verhängnisvolle Affäre

Am frühen Morgen wurde Hassan al-Wahed durch energisches Klingeln an seiner Haustür aus dem Schlaf gerissen, in den er erst vor wenigen Stunden gefunden hatte. Er wusste sofort, dass dies nicht die Vorboten eines gewöhnlichen Besuches von Freunden waren, das verriet schon das häufige Klingeln, unterbrochen nur vom Hämmern gegen seine Tür. Da ließ jemand keinen Zweifel daran, dass er in seine Wohnung gelangen wollte, und zwar sofort. Er hatte kaum geöffnet, als ihn eine Schar von Polizeibeamten förmlich überfiel und sofort damit begann, ihm Vorhaltungen zu machen und Fragen zu stellen. Wo und mit wem hatte er die gestrige Nacht verbracht? Woher stammten die deutlich sichtbaren Kratzspuren an seinem Hals? Alsbald klärten die Polizisten Hassan auch darüber auf, was ihm eigentlich vorgeworfen wurde. Er sollte versucht haben, die 25-jährige Nancy Stettner zu vergewaltigen und zu töten.

Hassan al-Wahed war in der libanesischen Stadt Tripoli geboren, lebte aber schon sehr lange und sozial integriert in einer mittelgroßen Stadt in Sachsen-Anhalt, wo er einer selbständigen Tätigkeit nachging. Angesichts des Polizeiaufgebots und der Tatvorwürfe begriff er sofort den Ernst der Lage – und fasste den Entschluss, sich bis auf ein paar Nebensächlichkeiten nicht weiter zur Tat zu äußern. Auch nachdem er sich mit seinem Verteidiger besprochen hatte, blieb er dabei, jedenfalls vorläufig.

War es richtig, nicht sofort Angaben zur Sache zu machen, vor allem wenn er sich für unschuldig hielt? Warum hat er nicht wenigstens Aussagen gemacht, die ihn entlasten könnten? Obwohl es keiner offen ausspricht, allein mit diesem Schweigen hat Hassan sich in den Augen der ermittelnden Beamten verdächtig gemacht, auch wenn die Strafprozessordnung ausdrücklich regelt, dass das Schweigen eines Angeklagten ihm nicht zur Last gelegt werden darf. Als natürliche Reaktion auf eine schwere Anschuldigung wie eine versuchte Tötung und eine Vergewaltigung wird von vielen erwartet, dass der Tatverdächtige, wenn er wirklich von seiner Unschuld überzeugt ist, diese auch spontan beteuert und seiner Empörung darüber Ausdruck verleiht, wie man ihn überhaupt mit einem solchen Vorwurf konfrontieren kann. Ein solcher »idealtypischer« Unschuldiger wird auch sofort Ross und Reiter nennen, was er dagegen erst später erzählt, ist von vornherein weniger glaubwürdig.

So zu denken muss man sich und anderen schnell abgewöhnen. Jeder Mensch reagiert anders auf bedrohliche Situationen, es gibt keine Schablone, mit der sich authentisches Verhalten in solchen Situationen ablesen ließe. Darüber hinaus hat gerade das Einlassungsverhalten des Angeklagten – was und wie viel er wann sagt oder nicht sagt – sehr viel mit der Verteidigungsstrategie zu tun, die ihm von seinem Anwalt empfohlen wird. Man hüte sich also vor voreiligen Schlüssen in Bezug auf das Verhalten eines Verdächtigen beim ersten Zugriff.

Hassan wurde vorläufig festgenommen, auf Antrag der Staatsanwaltschaft erging sodann ein Haftbefehl, und er kam in Untersuchungshaft. Eilig erhob die Staatsanwaltschaft Anklage wegen versuchten Mordes sowie wegen Vergewaltigung und übersandte die Akten an unser Gericht. Es ist typisch für Sexualdelikte, dass Anklagen (und auch spätere Verurteilungen) im Wesentlichen auf den Angaben der Geschädigten beruhen. Weitere Zeugen sind selten vorhanden, und wenn der Angeklagte einen sexuellen Kontakt mit dem Opfer gar nicht leugnet, sondern ihn nur als einvernehmlich darstellt, hilft auch die DNA nicht weiter. So war es auch hier. Nancy war vollständig entblößt von Nachbarn aufgefunden worden. Ihrer Aussage nach hatte Hassan sie im Hausflur bis zur Bewusstlosigkeit gewürgt, um sie zu vergewaltigen. Die Staatsanwaltschaft schenkte ihren Angaben Glauben und wertete das Würgen zum Zwecke einer Vergewaltigung als versuchten Mord.

Schon bei der ersten Sichtung des Aktenmaterials fielen uns Widersprüche in Nancys Aussageverhalten auf. Zu diesem Zeitpunkt war sie bereits zweimal vernommen worden und hatte den Tatablauf in einigen Details unterschiedlich geschildert. So hatte sie in der ersten Vernehmung beispielsweise angegeben, dass der Täter von vorne auf sie zugekommen war, als sie gerade die Haustür aufgeschlossen hatte. Demnach hätte der Täter sich bereits vorher im Haus aufgehalten.

Ihrer Schilderung bei einer weiteren Vernehmung nach hatte der Mann sie von hinten angegriffen und sie ins Treppenhaus gedrückt, wäre damit also von draußen gekommen. Auch ihre Angaben zur Identität des Täters waren widersprüchlich: Einmal gab sie an, ihn nicht zu kennen, ein anderes Mal konnte sie ihn beschreiben und sogar einen Namen nennen.

Wie allen forensisch tätigen Juristen bekannt ist, sind gerade Opfer sexueller Übergriffe, zumal kurz nach der Tat, psychisch sehr stark angeschlagen. Das geht nicht selten mit widersprüchlichen Aussagen einher. Oft können diese Widersprüche im Verlauf der späteren Gerichtsverhandlung aufgelöst werden. Allerdings hatten wir in diesem Verfahrensstadium erst einmal über die Zulassung der Anklage zu entscheiden. Das heißt, wir mussten für uns eine Antwort auf die Frage finden, ob Hassan der ihm vorgeworfenen Straftaten hinreichend verdächtig war. Und dafür mussten wir versuchen, die vorhandenen Widersprüche bereits vor der Hauptverhandlung aufzuklären. Vor allem da, wie oben erklärt, bereits zu diesem Zeitpunkt absehbar war, dass der Ausgang des Verfahrens sehr stark von der Glaubwürdigkeit des mutmaßlichen Opfers abhängen würde. Wir durften unsere Entscheidung nicht auf die leichte Schulter nehmen, indem wir einfach die Anklage zuließen und darauf vertrauten, dass in der Verhandlung schon die Wahrheit ans Licht käme. Immerhin saß Hassan wegen des Verdachts eines Kapitalverbrechens in Untersuchungshaft, und es kommt sehr wohl und aus den unterschiedlichsten Gründen vor, dass Frauen derartige Anschuldigungen zu Unrecht erheben.

Hassan und seine Verteidiger lieferten uns noch einen weiteren Grund, diesen Umständen weiter nachzugehen. Sie stellten einen Haftprüfungsantrag bei unserer Kammer. Erst nach der Anklageerhebung ist das Gericht, an dem die Anklage erhoben wurde, hier also das Schwurgericht, zuständig für weitere Haftprüfungen. Davor kümmert sich der Ermittlungsrichter des Amtsgerichts darum, er ist beispielsweise auch für den Erlass von Durchsuchungsbefehlen zuständig. Die Verteidigung beantragte zudem, über die Haftprüfung mündlich zu verhandeln. Ihr Ziel war es also, den Haftbefehl bis zu einem möglichen vorzeitigen Ende des Verfahrens (wenn wir die Anklage nicht zuließen) beziehungsweise bis zur Urteilsverkündung aufzuheben oder zumindest auszusetzen. Dies konnte ihnen aber nur gelingen, wenn sie so erhebliche Zweifel an Hassans Täterschaft streuen konnten, dass der dringende Tatverdacht nicht mehr gegeben war. Das hieß für Hassan, dass er sich nun zur Tat äußern musste. Und dies tat er auch, und zwar zunächst schriftlich und sehr detailliert und mit überraschendem Inhalt. Seine Ausführungen wurden von seinem Verteidiger vorbereitet und sprachlich geglättet, weswegen sie in einer für den Angeklagten etwas hochgestochenen Sprache erscheinen.

Nicht überraschend war zunächst, dass Hassan die Absicht leugnete, Nancy zu vergewaltigen oder gar umzubringen. In seiner Version der Ereignisse hatten sich beide die ganze Nacht in demselben Club aufgehalten und waren sich schließlich dort begegnet. Er gab zu, zu diesem Zeitpunkt alles andere als nüchtern gewesen zu sein, doch Nancy war bereits volltrunken in dem Club erschienen und hatte dort noch weiter Alkohol konsumiert. Als sie irgendwann aufbrach, ging er ihr nach. Es dauerte nicht lange, bis sie ihren Verfolger bemerkte. Doch statt ihn wegzuschicken oder zu beschimpfen, machte sie eine Handbewegung in seine Richtung, die er als Aufforderung verstand, ihr weiter zu folgen. Als sie ihr Wohnhaus in der Nähe des Clubs erreichte, konnte Nancy aufgrund ihrer Alkoholisierung die Tür nicht öffnen, aber gemeinsam schafften sie es schließlich. Kaum im Hausflur angekommen, fingen sie an, Zärtlichkeiten auszutauschen und sich teilweise zu entkleiden. Zu dem von beiden beabsichtigten Geschlechtsverkehr kam es jedoch nicht, weil er trotz aller Anstrengungen keine Erektion bekam. Darüber machte Nancy sich derart offensichtlich lustig, dass er sie ohrfeigte. Darauf fing sie an, ihn am Hals zu kratzen, und hörte überhaupt nicht mehr auf. Bis er sie schließlich an den Hals fasste, ohne allerdings besonders fest zuzudrücken. Er wollte sie nicht töten, sondern nur davon abhalten, ihn weiter zu verletzen, was ihm auch rasch gelang. Kaum hatte sie aufgehört, nahm er seine Hände von ihrem Hals und lief nach draußen. Dort hörte er, wie sie ihm noch eine Beleidigung hinterherrief. Daher, so Hassan in seiner schriftlichen Aussage, müsse Nancy zu diesem Zeitpunkt noch bei Bewusstsein gewesen sein. Und im Übrigen, ergänzte er fast beiläufig, hätten sie schon häufiger miteinander geschlafen. Am Anschluss an diese Bemerkung berichtete er von einer schon vor einiger Zeit beendeten mehrmonatigen Affäre mit Nancy. Hiervon hatte aber keiner etwas erfahren dürfen, weil Nancy bereits damals mit einem Mitglied der rechtsradikalen

Szene zusammen war. Trotzdem, so versicherte Hassan al-Wahed, hätten einige seiner Freunde mitbekommen, dass damals etwas zwischen ihnen gelaufen war.

Vor allem der letzte Teil seiner Einlassung war starker Tobak für uns, lasen sich doch die Protokolle von Nancys bisherigen Vernehmungen so, dass sie den Angeklagten, wenn überhaupt, nur flüchtig kannte. Stimmte seine Geschichte von der Affäre, dann hätte sie durchaus ein Motiv, Hassan eines gewaltsamen Übergriffs zu beschuldigen: Sie müsste ihrem rechtsradikalen Freund Ronny nicht eingestehen, dass sie sich in der Nacht der mutmaßlichen Tat in Wirklichkeit freiwillig einem Libanesen hingeben wollte, mit dem sie zuvor bereits hinter dem Rücken ihres Lebensgefährten eine mehrmonatige Affäre gehabt hatte. Wer ihren Freund gesehen hat, verliert schnell seine Zweifel daran, dass jemand sich ein solches Ereignis nur ausdenkt, um dem Lebenspartner die bittere Wahrheit nicht beichten zu müssen.

Wir haben Ronny Lieske im Verlauf der Hauptverhandlung als Zeugen vernommen. Aus welchem Holz er geschnitzt ist, machte er bereits deutlich, als er unsere Ladung erhielt. Er rief in unserer Geschäftsstelle an und drohte mit einem »Massaker«, falls wir ihn weiter zwangen, zur Gerichtsverhandlung zu erscheinen. Selbstverständlich ließen wir uns davon nicht abschrecken. Allerdings erreichte er mit seiner Reaktion, dass die Verhandlung an diesem Tag unter erheblich erhöhten Sicherheitsbedingungen stattfand. Alle Besucher des Gerichtsgebäudes wurden durchsucht, und zwei Polizisten folgten Ronny, dessen Schädel kahlrasiert war und dessen Oberarme vom Umfang eher an die Oberschenkel von Fußballern erinnerten, auf Schritt und Tritt. In der Verhandlung selbst hat er sich für seine Entgleisung entschuldigt und sich auch während seiner Vernehmung einwandfrei verhalten. Im Nachhinein ließen sich die Sicherheitsvorkehrungen also als überflüssig betrachten. Nach dem tödlichen Attentat auf die Ägypterin Marwa S., die im Dresdner Landgericht als Zeugin aufgetreten war, blieb uns indes keine andere Wahl, wir mussten die Ankündigung von Ronny ernst nehmen. Alles andere wäre unverantwortlich gewesen.

Wenn ich hier schon mal auf Ronnys Zeugenvernehmung vorgreife, lohnt es sich, auf zwei interessante Gesichtspunkte seiner Aussage einzugehen, auch wenn sie sich in die Chronologie der bisherigen Schilderungen nicht ganz einfügen möchten. Zum einen räumte Ronny schweren Herzens ein, dass auch ihm das Gerücht zu Ohren gekommen sei, dass seine Freundin eine Affäre mit Hassan gehabt haben soll. Er sei der Sache seinerzeit nachgegangen und zu dem Ergebnis gelangt, dass an diesem Gerücht nichts dran war. Trotzdem hatte diese Angelegenheit nach seinen Bekundungen ihre Beziehung erheblich belastet, für einige Zeit »herrschte mal wieder Funkstille«. Zum anderen schilderte Ronny aber auch sehr glaubhaft, wie Nancy auch heute noch unter Schlafstörungen litt und deswegen gelegentlich mitten in der Nacht vollkommen außer sich aus dem Schlaf gerissen wurde. Dieser Umstand sprach in unseren Augen erheblich gegen Hassan. Denn es ist das eine, sich eine Geschichte auszudenken und diese mehr oder weniger konsequent und stringent aufrechtzuerhalten. Etwas anderes ist es aber, auch das nichtöffentliche Leben glaubhaft daran auszurichten. Ein Mosaikstein, den wir später zu einem Gesamtbild zusammenzufügen hatten.

Doch nun wieder zurück zu unserem mündlichen Haftprüfungstermin, der, wie bereits gesagt, noch einige Zeit vor der Hauptverhandlung stattfand. Zu dessen Vorbereitung veranlassten wir zunächst noch einige Nachermittlungen. Das kommt immer wieder einmal vor. Gegenstand von Nachermittlungen können beispielsweise erneute Zeugenbefragungen sein, aber auch sehr aufwendige Gutachten von Sachverständigen.

Vor allem hielten wir es für erforderlich, dass Nancy noch einmal polizeilich vernommen und mit den Widersprüchen in ihren bisherigen Aussagen konfrontiert wird. Sie sollte Gelegenheit bekommen, eine plausible Erklärung für diese Differenzen zu liefern. Zum anderen wollten wir von dem Rechtsmediziner, der Nancy neben einer Gynäkologin untersucht hatte, wissen, ob er tatsächlich Anzeichen festgestellt hatte, dass sie gewürgt worden war, und, falls ja, ob sie sich dadurch in Lebensgefahr befunden hatte.

Das uns nach einigen Tagen zur Verfügung gestellte Protokoll von Nancys Nachvernehmung konnte nicht endgültig Licht ins Dunkel bringen. Diesmal legte sie sich darauf fest, dass Hassan sie von hinten in den Hausflur gedrückt habe. Soweit sie in der ersten Vernehmung etwas anderes gesagt haben sollte, so ihre Erklärung, war das darauf zurückzuführen, dass sie »damals unter Schock stand«. Dass sie und Hassan ein Verhältnis gehabt hätten, stritt sie vehement ab. Auch Hassans Behauptung, dass sie in der Tatnacht von sich aus Geschlechtsverkehr mit ihm haben wollte, bezeichnete sie als »totale Lüge«. Auch dass sie an diesem Abend betrunken gewesen sein soll, wies sie von sich. Sie blieb bei ihrer Kernaussage, dass Hassan sie vergewaltigen und umbringen wollte.

Das vorläufige rechtsmedizinische Gutachten lag ebenfalls nach wenigen Tagen vor. Dieses ließ sich so zusammenfassen, dass die Druckstellen an Nancys Hals dafür sprachen, dass sie gewürgt worden war, und sowohl die Ohnmacht als auch die anschließende Heiserkeit darauf hindeuteten, dass sie durch das Würgen zumindest zeitweise in Lebensgefahr war.

Trotz der scheinbar deutlichen Ergebnisse des Rechtsmediziners empfanden wir die Lage nach wie vor als ausgesprochen unübersichtlich. Aus welchem Grund widersprachen sich die Versionen von Hassan und Nancy schon in den Randbereichen des Geschehens? Warum etwa behauptete Nancy steif und fest, nicht betrunken gewesen zu sein, obwohl in den Akten einige Stunden nach ihrem Auffinden eine Blutalkoholkonzentration von etwa 1,5 Promille dokumentiert war? Wenn sie Hassan wirklich nicht kannte, wie war es dann zu einem so hartnäckigen Gerücht über eine Affäre der beiden gekommen, dass ihr Freund der Sache nachging?

Wir hatten immer noch ein »schlechtes Gefühl«, offenbar hatten wir den Fall noch nicht ausreichend durchdrungen. Deshalb entschlossen wir uns, Nancy bereits im Rahmen der mündlichen Haftprüfung richterlich als Zeugin zu vernehmen, auch wenn es nicht üblich ist, die wichtigste Zeugin bereits in diesem Verfahrensstadium anzuhören. Wir wollten uns einfach selbst ein Bild von ihr machen.

Damit sie sich nicht eingeschüchtert fühlen konnte, schickten wir Hassan vor ihrer Vernehmung aus dem Gerichtssaal. Es präsentierte sich uns ein »Häuflein Elend«. Die zweifellos attraktive junge Frau – groß, schlank und blond – machte einen ausgesprochen verängstigten Eindruck auf uns, und wir mussten ihre Vernehmung immer wieder wegen ihrer Weinkrämpfe unterbrechen. Alles in allem erschien sie uns sehr glaubwürdig, auch wenn sich in der Sache an den Widersprüchen nichts änderte, denn Nancy blieb bei ihren Angaben.

Es half alles nichts, wir mussten jetzt Entscheidungen treffen, und zwar auf der Grundlage der vorliegenden Beweismittel. Wir hatten eine allem Anschein nach glaubwürdige Belastungszeugin, und wir hatten das vorläufige rechtsmedizinische Gutachten, das scheinbar keine Fragen offen ließ. Angesichts dessen bestand an einem hinreichenden Tatverdacht kein vernünftiger Zweifel. Die vielen Einzelheiten, die letztlich über den Ausgang des Verfahrens entscheiden würden, allen voran die bestehenden Widersprüche, ließen sich nur im Rahmen einer umfangreichen Hauptverhandlung aufklären. Wir fassten daher zwei Beschlüsse: dass die Anklage der Staatsanwaltschaft zur Hauptverhandlung zugelassen und der Haftbefehl aufrechterhalten wird. So viel kann jetzt schon verraten werden: Gerade in diesem Fall sollte sich zeigen, welchen Wert und welche Bedeutung eine gründlich durchgeführte Hauptverhandlung hat, zu welchen zusätzlichen und entscheidenden Erkenntnissen sie führen kann.

Die Hauptverhandlung konnte und musste auch bald beginnen, denn Hassan saß nach wie vor in Untersuchungshaft, die nur dazu dient, den Zeitraum von der Festnahme bis zur rechtskräftigen Verhandlung zu überbrücken.

Schon vor langer Zeit hatte das Bundesverfassungsgericht klargestellt, dass Strafverfahren in den Fällen, in denen der Angeklagte sich in Untersuchungshaft befindet, beschleunigt durchzuführen sind. In letzter Zeit hatten die Obergerichte diese Anforderungen noch verschärft, indem sie sehr genau hinsahen, ob die Gerichte ihr Möglichstes getan hatten, um zügig zu verhandeln. Als »Faustformel« hatte sich herauskristallisiert, dass die Strafgerichte zweimal wöchentlich in der jeweiligen Strafsache verhandeln müssen, um halbwegs sicherzugehen, dass das Oberlandesgericht den Angeklagten nicht mitten im laufenden Verfahren aus der Untersuchungshaft entlässt. Während des Verfahrens gilt für den Angeklagten grundsätzlich die Unschuldsvermutung, deshalb sind die Anforderungen an den Erlass oder die Aufrechterhaltung eines Haftbefehls sehr streng. Der Angeklagte kann jederzeit Haftprüfung beantragen. Über den Antrag entscheiden dann wir Richter. Unsere Entscheidung wiederum ist mit einer Beschwerde anfechtbar, über die dann das Oberlandesgericht entscheidet. Wenn wir gegen das Beschleunigungsgebot verstoßen, hebt das OLG den Haftbefehl auf. Und das ist immer mit dem Risiko verbunden, dass der Angeklagte abhaut.

Sicherheitshalber bereiteten wir auch dieses Verfahren straff vor und begannen naheliegenderweise mit der Vernehmung der Hauptbelastungszeugin Nancy. Auch hier rückte sie nicht von ihrer Version ab, weder in Bezug auf ihre Beschuldigung Hassans (versuchte Vergewaltigung und Tötung) noch hinsichtlich seiner Behauptungen (ihre Volltrunkenheit und die gemeinsame Affäre). Seine abweichende Darstellung führte sie darauf zurück, dass er sich »offensichtlich vor der Verantwortung drücken« wollte. In der weiteren Vernehmung schilderte sie uns minutiös den Verlauf des gesamten Tages und der Nacht, in der sie schließlich mit einigen Freunden in dem besagten Club gelandet war. Auch machte sie verhältnismäßig genaue Angaben darüber, wie viel sie wann an diesem Tag getrunken hatte. Wieder schoss mir bei ihrem Anblick durch den Kopf, dass ein so zierliches »Persönchen« unmöglich so viel Alkohol konsumieren konnte, ohne vollständig betrunken zu sein.

Selbstverständlich gibt es Menschen, und diese begegnen uns in der gerichtlichen Praxis ausgesprochen häufig, die Unmengen von Alkohol vertragen können, ohne dass man ihnen eine wesentliche Beeinträchtigung ihrer Steuerungsfähigkeit anmerkt. Doch sind all diese Menschen seit langer Zeit große Mengen Alkohol gewöhnt oder gar alkoholabhängig und beginnen in der Regel überhaupt erst ab einem gewissen Pegel normal zu »funktionieren«. Davon konnte bei Nancy ausdrücklich nicht die Rede sein, denn auf unsere Frage nach ihren Trinkgewohnheiten erklärte sie freimütig, dass sie wegen ihres Freundes nur sehr selten dazu kam, auszugehen und Partys zu feiern. Zu Hause trinke sie so gut wie gar keinen Alkohol. Hier passte etwas nicht zusammen.

Um endlich herauszufinden, wer in Bezug auf diesen Punkt die Wahrheit sagte, wollten wir sämtliche Personen befragen, die Nancy am Abend vor der mutmaßlichen Tat gesehen und erlebt hatten. Das war eine ganze Reihe von Zeugen, denn Nancy hatte zum einen den Abend mit einigen Freunden verbracht, mit denen sie später auch in den Club gegangen war. Darüber hinaus hatte sie auch dort noch einige Begegnungen oder wurde zumindest von einigen Leuten bemerkt. Wir luden alle vor, derer wir habhaft werden konnten. Und nachdem wir sie alle der Reihe nach in den Zeugenstand gerufen hatten, ergab sich ein eindeutiges Bild: Nancy·musste sturzbetrunken gewesen sein. Selbst ihre Freunde gaben übereinstimmend an, dass sie bereits gestützt und gehalten werden musste, als sie zusammen den Club betraten. Sie konnte ohne Hilfe nicht einmal die Eingangstür öffnen. Im Verlauf des weiteren Abends trank sie dann noch einige Whiskey-Cola-Mischungen, wodurch sich ihr Zustand jedoch »nicht gerade verbessert, sondern eher noch verschlechtert hat«. Bestätigt wurden diese Angaben von weiteren Club-Gästen. Alle beschrieben sie als erheblich betrunken und berichteten uns zudem von Details: Nancy hatte sich schon früh nicht mehr »auf der Tanzfläche halten« können und war zur Bar »gewankt«, wo sie immer wieder minutenlang mit dem Kopf auf dem Tresen lag. Wenn sie jemand ansprach, reagierte sie sehr aggressiv. Schließlich brach sie aus nichtigem Anlass mit einem anderen Gast einen Streit vom Zaun. Es konnte also kein Zweifel mehr daran bestehen, dass Nancy uns – aus welchem Grund auch immer – zu ihrem Zustand vor der Begegnung mit Hassan nicht die Wahrheit gesagt hatte.

Ich habe oben schon gesagt, dass in Verfahren wie diesem die Glaubwürdigkeit des mutmaßlichen Opfers von ganz erheblicher Bedeutung ist. Gelangt das Gericht an einem Punkt zu der Erkenntnis, dass es von der angeblich Geschädigten immer wieder belogen wurde, selbst wenn die Lügen mit der Tat im engeren Sinne nichts zu tun haben, wird eine Verurteilung des von ihr Beschuldigten sehr unwahrscheinlich. Denn wie sollen die zuständigen Richter dann zu der notwendigen Überzeugung kommen, dass die geschädigte Tatzeugin ausgerechnet zum Kerngeschehen die Wahrheit gesagt hat. Ganz so weit waren wir aber noch nicht. Wir hatten ein Zwischenresultat in Bezug auf Nancys Angaben. Damit, wie dies zu bewerten war, würden wir uns später auseinandersetzen.

Zunächst wandten wir uns dem medizinischen Komplex »Vergewaltigung« zu und vernahmen die Personen, die Nancy kurz nach der Tat gesehen oder aber untersucht hatten. Das waren zunächst Nancys Nachbarn, die sie im Hausflur gefunden hatten, und die Rettungsmediziner. Und es war – ganz wichtig – die Frauenärztin, die sie kurz nach der Tat gynäkologisch auf Spuren einer Vergewaltigung untersucht hatte.

Die Nachbarn hatten selbst die halbe Nacht auswärts verbracht und ordentlich gefeiert, als sie am frühen Morgen in ihre Wohnung zurückkehren wollten. Schon beim Öffnen bemerkten sie einen Widerstand, den sie nur durch kräftiges Aufdrücken der Tür überwinden konnten. Beim Eintreten sahen sie dann ihre junge

Nachbarin auf dem Boden liegen, am Unterleib vollständig entkleidet in einer Art Dämmerzustand. Sofort wandten sie sich ihr zu, rüttelten und schüttelten sie, so dass sie schnell zu Bewusstsein kam. Die Frau verhüllte Nancy notdürftig und brachte sie zusammen mit ihrem Mann in die eigene Wohnung. Dort duschten sie die stark unterkühlte junge Frau zunächst warm ab. Nach Aussagen der Nachbarn befand sich Nancy »in einem bemitleidenswerten Zustand« und hatte immer wieder in verzweifeltem Ton gesagt, dass sie sich »so schmutzig« fühle. Auf die Frage der Nachbarn, was ihr denn zugestoßen war, hatte Nancy »etwas wirr« geantwortet, das habe man davon, wenn man abends noch ausgeht, und dass sie vergewaltigt worden sei, von einem »scheiß Libanesen«.

Die Rettungssanitäter und Notärzte konnten nicht viel zur Aufklärung des Sachverhalts beitragen. Immerhin klärten sie uns darüber auf, dass Nancys desolater Allgemeinzustand nach ihrem Auffinden in keiner Weise lebensbedrohlich war, aber nach Meinung der Ärzte die intravenöse Gabe eines Beruhigungsmittels erforderlich machte.

Und dann hatten wir noch die Frauenärztin, die Nancy sehr gründlich untersucht und einen Abstrich genommen hatte, um die Existenz von Sperma nachweisen zu können. Laut ihrem Bericht wies Nancy an mehreren Körperstellen blaue Flecken auf, allerdings nicht an den Innenseiten der Oberschenkel. Darüber hinaus konnten keine Spuren einer Gewaltanwendung festgestellt werden. Und an dem Abstrich fand sich kein Sperma. Was ließ sich mit diesen Ergebnissen anfangen?

In gewisser Weise passten sie zu einem Geschehen, wie es Nancy geschildert hat. Allerdings passten sie auch auf ungezwungenen Sex im Hausflur unter starkem Alkoholeinfluss.

Die Spurenlage wurde auch nicht eindeutiger, als wir ergänzend die forensischen Biologen des Landeskriminalamtes befragten. Nancys Bekleidung und die am Tatort gesicherten Sekrete waren von ihnen nach neuesten Methoden der Wissenschaft untersucht worden. Spermaspuren ließen sich trotzdem nicht nachweisen. Die Verurteilung wegen einer vollendeten Vergewaltigung wurde immer unwahrscheinlicher. Wäre es tatsächlich zu einer vollendeten Vergewaltigung gekommen, so hätten sich irgendwo Spuren von Körpersekreten oder von Hassans DNA finden lassen müssen. Beides war nicht der Fall.

Ohne neue medizinische oder biologische Fakten waren wir umso mehr auf andere Indizien angewiesen, die Licht in das bisherige Dunkel brachten. Daher kümmerten wir uns als Nächstes um das angebliche Verhältnis zwischen Hassan und Nancy. Wenn es diese Affäre wirklich gegeben hatte, dann musste irgendjemand etwas davon mitbekommen haben. Hier eine zuverlässige Antwort zu erhalten, war für uns von entscheidender Bedeutung. Sollte sich herausstellen, dass Nancy auch in diesem Punkt gelogen hatte, hätte sie ihre Glaubwürdigkeit wohl grundsätzlich verloren. Zudem würde der Vorwurf einer Vergewaltigung vor diesem Hintergrund in ganz anderem Licht erscheinen, auch wenn selbstverständlich in diesem Fall eine Vergewaltigung immer noch nicht ausgeschlossen war. Denn Vergewaltigungen finden nicht selten auch in Beziehungen und Ehen statt und werden genauso geahndet wie unter Fremden.

Hassan hatte uns anfangs jemanden genannt, der zu der angeblichen Beziehung zwischen ihm und Nancy etwas sagen konnte. Es gab da nur ein Problem: An den Mann war zunächst nicht heranzukommen, weil er zum Zeitpunkt des Prozesses wegen psychischer Probleme stationär in Behandlung war. Wir fragten bei den Ärzten nach und erhielten die beruhigende Auskunft, dass er etwa zwei bis vier Wochen später wieder vernehmungsfähig sein würde. So lange würde der Prozess ohnehin noch dauern, so dass wir seine Vernehmung zurückstellen konnten.

Einstweilen vernahmen wir andere Leute aus dem persönlichen Umfeld von Hassan, vornehmlich Freunde und Bekannte. Unter ihnen war keiner, der nicht zumindest Gerüchte über die Affäre von Nancy und Hassan gehört hatte. Zwar gaben alle an, nie mit eigenen Augen eindeutige Handlungen und Gesten beobachtet zu haben, jedoch konnte einer von ihnen sich an unzweideutige Kurzmitteilungen von Nancy auf Hassans Handy erinnern, die dieser ihm gezeigt hatte. Ein anderer erzählte, er habe die beiden in dem betreffenden Zeitraum häufig zusammen gesehen und auch einmal mitbekommen, wie sie in Hassans Auto stiegen und wegfuhren. Zudem habe er sie bei zahlreichen Partys immer zu zweit angetroffen.

Wir fühlten all diesen Zeugen gründlich auf den Zahn, schließlich standen sie ja dem Beschuldigten nahe und waren damit keine unabhängigen Zeugen. Am Ende hatten wir aber nicht den Eindruck, dass sie die Unwahrheit gesagt hatten, um Hassan zu helfen – sie waren glaubwürdig. Damit stand für uns fest, dass Nancy Hassan nicht nur vom Sehen her kannte. Es musste deutlich mehr zwischen ihnen gewesen sein.

Kurz darauf konnten wir auch den psychisch kranken Zeugen vernehmen. Sein Auftritt vor unserer Kammer hatte Unterhaltungswert, denn der Mann nahm kein Blatt vor den Mund und wartete darüber hinaus noch mit einer Überraschung auf. Zu Beginn seiner Vernehmung gab er seiner Verwunderung darüber Ausdruck, dass überhaupt Zweifel darüber bestehen könnten, dass Hassan und Nancy ein Verhältnis gehabt hatten. Dies war nach seiner Aussage allgemein bekannt gewesen. Wer davon nichts gemerkt hat, so der Zeuge, »hat den Schuss nicht gehört«. Im Übrigen – und dies war die Überraschung – gab der Mann an, selbst ein kurzes Verhältnis mit Nancy gehabt zu haben. Er hatte mehr von ihr gewollt, erzählte er freimütig, fühlte sich dann aber von ihr nur ausgenutzt, so dass dann auch wieder »ruck, zuck Schluss war«.

Nancy saß als Nebenklägerin während der Vernehmung im Gerichtssaal, wir konnten sie daher direkt um eine Reaktion bitten. Sie stritt auch dieses Verhältnis ab. In diesem Moment fiel mir ein, dass ich in den Akten Fotos der körperlichen Untersuchung von Nancy gesehen hatte, auf denen deutlich unterschiedliche Intim-Piercings erkennbar waren. Wer diese kannte, musste Nancy zumindest schon einmal nackt gesehen haben. Deshalb fragte ich den Zeugen, ob Nancys Körper irgendeine Besonderheit aufwies. Wie aus der Pistole geschossen beschrieb der Zeuge die exakte Lage, das Aussehen und die ungefähre Größe der einzelnen Piercings. Spätestens in diesem Moment glaubte ich dem Zeugen. Nach meiner Bewertung hatte Nancy ein weiteres Mal die Unwahrheit gesagt.

Wäre die Beweisaufnahme hier schon abgeschlossen gewesen, hätten wir uns wohl auch nicht dazu durchringen können, Hassan al-Wahed gemäß der Anklage zu verurteilen. Doch dann kam unerwartet sogar noch mehr Licht in die Angelegenheit.

In der betreffenden Nacht hatte es im Treppenhaus noch ein besonderes Vorkommnis gegeben. Eine Nachbarin aus dem ersten Stock wurde offensichtlich durch den nächtlichen Lärm im Treppenhaus so stark gestört, dass sie davon erwachte. Davon wussten wir schon aus dem Protokoll der Befragungen, die Polizeibeamten routinemäßig in dem Haus durchgeführt hatten. Allerdings hatte die Nachbarin damals lediglich angegeben, ihre Wohnungstür aufgerissen und laut »Ruhe jetzt!« gebrüllt zu haben. Gesehen hatte sie angeblich nichts. Als wir diese Zeugin aufriefen, machten wir uns dementsprechend auf eine wenig hilfreiche und verhältnismäßig uninteressante Vernehmung gefasst. So begann es auch, denn die Zeugin wiederholte zunächst fast wörtlich ihre ursprünglichen Schilderungen. Als wir sie schon entlassen wollten und routinemäßig noch fragten, ob sie darüber hinaus noch Angaben zur Sache machen könne, antwortete sie zur Überraschung aller Anwesenden: »Ja, da ist noch etwas, was ich der Polizei bisher verschwiegen habe. Ich bin nämlich nicht direkt wieder in meine Wohnung zurückgegangen, sondern habe vorher noch das Licht im Treppenhaus angemacht und runtergesehen. Dabei habe ich Nancy entdeckt, wie sie mit einem Mann rumgemacht hat und wie dieser ihr gesagt hat, sie soll leiser machen. Von Gewaltanwendung habe ich nichts gesehen, ich habe mir nur gedacht, warum die zwei nicht abwarten können, bis sie oben in der Wohnung angekommen sind. Etwas verschämt bin ich aber sehr schnell wieder in meine Wohnung zurückgegangen.«

Das war der Hammer. Unverhofft hatte sich erst zum Ende der Hauptverhandlung ein Augenzeuge des Geschehens offenbart. Natürlich wollten wir von der Frau wissen, warum sie den Ermittlern diesen Teil vorenthalten hatte. Ob sie sich nicht denken konnte, dass das, was sie gesehen und gehört hatte, von großer Bedeutung für den Ausgang des Prozesses war. Ihre entlarvende Antwort: Sie wollte keinen Ärger haben und in die Sache nicht hineingezogen werden. So weit also ist es mit der Zivilcourage gekommen. Innerlich kochte ich vor Wut – meinen beiden Kollegen ging es da nicht anders –, war der Zeugin aber dennoch dankbar, dass sie zumindest in der Verhandlung den Mut aufgebracht und endlich umfassend ausgesagt hatte.

Danach gab es nicht mehr viel Prozessstoff, es fehlte nur noch die Befragung des Rechtsmediziners der Universität, der uns zuallererst sein endgültiges Gutachten vortragen sollte. Zur Erinnerung: Das vorprozessual eingeholte vorläufige Gutachten war der wesentliche Baustein dafür gewesen, dass wir den Prozess überhaupt eröffnet hatten. Der Sachverständige hatte Nancy nach der Tat auf Spuren von Gewaltanwendungen an Hals und Armen untersucht, zusätzlich lag ihm der Bericht der Gynäkologin vor. In seinem vorläufigen Gutachten hatte der Rechtsmediziner noch mehrere Druckstellen erwähnt und daraus in Zusammenhang mit Heiserkeit und Ohnmacht eine akute Lebensgefahr für das Opfer abgeleitet. Die Sachverständigen nehmen immer an der gesamten Hauptverhandlung teil und ergänzen und korrigieren, wenn nötig, ihre Ergebnisse. Sie erstatten dann während der Hauptverhandlung das endgültige Gutachten. Und jetzt kam der Rechtsmediziner zu entscheidend anderen Ergebnissen: Zum einen hatte sich an Nancys Hals nur ein Hämatom nachweisen lassen. Wäre sie »richtig« gewürgt worden, hätten sich am Hals des Opfers jedoch mindestens zwei Druckstellen finden lassen müssen. Das hieß, jemand hatte zwar gegen ihren Hals gedrückt, sie aber nicht gewürgt. Durch Drücken allein, so der Rechtsmediziner, lässt sich der Tod eines Menschen jedoch kaum herbeiführen. Ferner konnten die Erklärungen der Notfallmediziner und des Polizeibeamten, der als Erster am Tatort eingetroffen war, die von Nancy behauptete Heiserkeit nicht bestätigen. Auch die nachweisliche Ohnmacht war letztlich kein Beleg dafür, dass der Angeklagte Nancy gewürgt hatte, da sie auch auf die erhebliche Alkoholisierung von Nancy zurückgeführt werden konnte. Aufgrund der gründlicheren Analyse der schon damals vorliegenden Untersuchungsergebnisse und der neuen Erkenntnisse aus der Hauptverhandlung hielt der Rechtsmediziner nicht länger an den Ausführungen in seinem vorläufigen Gutachten fest. Damit wurde die Anklage hinfällig.

Angeklagt war Hassan wegen versuchten Mordes und wegen einer vollendeten Vergewaltigung. Wir verurteilten ihn für die Ohrfeige und den Angriff gegen den Hals wegen einfacher Körperverletzung zu einer sehr geringen Freiheitsstrafe. Deren Vollstreckung konnte ohne weiteres zur Bewährung ausgesetzt werden, weil Hassan strafrechtlich bisher ein völlig unbeschriebenes Blatt gewesen war.

Ein Fahrrad für Peggy

Der folgende Fall ist leider alles andere als ein Einzelfall – wieder einmal wurde eine ältere Frau Opfer eines Mordes. Dieses Opferprofil taucht kriminologisch betrachtet zu häufig auf, als dass man es bloßem Zufall zuschreiben könnte. Alte Menschen, vor allem alleinstehende Frauen, sind »beliebte« Opfer aller möglichen Arten von Kriminalität, weil die Täter von ihnen ein geringeres Maß an Gegenwehr erwarten.

Im Oktober 2008 wurde die dreiundsiebzigjährige Rentnerin Else Lührs von ihrer Tochter tot im Schlafzimmer ihres Hauses aufgefunden. Die rüstige und lebensfrohe Frau hatte als einzige Mieterin in einem einsam gelegenen Ensemble von fünfgeschossigen Plattenbauten in der Nähe von Schönebeck gewohnt; ihre Wohnung lag im ersten Stock. Früher hatten hier die Arbeiter eines nahe gelegenen Volkseigenen Betriebs gelebt, seit Mitte der neunziger Jahre standen die übrigen Wohnungen leer.

An der Art, wie Else Lührs dalag, erkannte die Tochter sofort, dass ihre Mutter keines natürlichen Todes gestorben sein konnte, und rief die Polizei. Der Verdacht der Tochter bestätigte sich schnell. Die Spurensicherung des Landeskriminalamtes Sachsen-Anhalt stellte fest, dass die Wohnungstür aufgebrochen worden war. Zudem wirkte die Wohnung durchsucht: Sämtliche Schranktüren standen offen, jemand hatte offenbar wahllos Gegenstände herausgenommen und in den Schränken auf dem dort reichlich vorhandenen Staub frische Griffspuren hinterlassen. Das größte Durcheinander herrschte in der Küche, wo mehrere Gegenstände und sogar Möbel herumlagen. Schon das allein legte den Verdacht nahe, dass es in der Küche zum Kampfgeschehen zwischen Else Lührs und dem Täter gekommen war. Neben einem umgekippten Stuhl entdeckten die Polizeibeamten aber auch Kotspuren auf den Bodenfliesen. Die Kotanhaftungen fanden sich an mehreren Stellen und waren jeweils in eine Richtung verschmiert – zum angrenzenden Schlafzimmer hin. Dies alles sprach dafür, dass Else Lührs nicht im Schlafzimmer, sondern in der Wohnküche getötet und danach an den Beinen an ihren späteren Auffindeort geschleift worden war. Dazu passte auch der Anblick der Toten. Ihr Nachthemd war so weit hochgerutscht, dass es ihren Genitalbereich entblößte, und der Stoff wies ebenso wie mehrere Körperstellen der Toten Kotflecken auf. Neben diesen Spuren an Tatort und Opfer, die uns in der späteren Hauptverhandlung die Rekonstruktion des Tatablaufs ermöglichten, machten die Beamten von der Spurensicherung noch eine ungewöhnliche Entdeckung: An der Scheide der Getöteten klebten Reste von Walnussschalen. War dies ein Indiz dafür, dass wir es mit einem Sexualmörder zu tun hatten? Dieser Umstand schien darauf hinzudeuten, nicht aber der oben beschriebene Zustand der Wohnung, der eher einen Raubmord als Motiv des Täters vermuten ließ.

Wie bei Tötungsdelikten üblich, erschien am Tatort nahezu zeitgleich mit der Polizei auch eine Rechtsmedizinerin von der Universität, mit der wir in der Vergangenheit schon in einer Vielzahl ähnlicher Fälle zusammengearbeitet hatten. Für die Aufklärung von Tötungsdelikten ist es ungemein wichtig, dass diese spezialisierten Ärzte die Leiche am Tatort so schnell wie möglich in Augenschein nehmen, denn nur so können sie die Todeszeit zumindest halbwegs exakt bestimmen. Dies hängt damit zusammen, dass sich die ungefähre Todeszeit zum einen an charakteristischen Merkmalen der Leiche, wie etwa Totenflecken und Ausbildung der Totenstarre, zum anderen an deren Auskühlung ablesen lässt. Der lebende Mensch hat eine Körpertemperatur von etwa 37 Grad. Sobald er gestorben ist, kühlt sein Körper in Abhängigkeit von der Umgebungstemperatur und der Bekleidung relativ gleichmäßig ab. Das heißt, dass man von diesen beiden Werten auf den Zeitpunkt zurückrechnen kann, bis zu dem das Opfer noch gelebt hat. Da aber die Umgebungstemperatur Schwankungen ausgesetzt ist, sei es durch geöffnete Fenster oder die Anwesenheit eines mehrköpfigen Ermittlerteams, gerät die Bestimmung des Todeszeitpunktes immer mehr ins Spekulative, je später die für die Berechnung notwendigen Daten erhoben werden können.

Die für unseren Fall viel entscheidenderen Erkenntnisse gewann die Rechtsmedizinerin aber erst durch eine gründliche Leichenschau und die anschließende Obduktion des Opfers. Ihre Ergebnisse, die sie uns später auch in der Hauptverhandlung vortrug, bestätigten die bereits bei der ersten Tatortanalyse gemachten Hypothesen zum Tatablauf. Durch die Obduktion ließen sich Unterblutungen in der Haut des Halses sowie in der Halsmuskulatur und Brüche am Kehlkopfgerüst feststellen. Das hieß, der Tod war durch Kompression der Halsweichteile eingetreten. Der Täter hatte Else Lührs erwürgt. Das Verletzungsbild wies darauf hin, dass er ihr einen Arm oder ein Bein an die Kehle gelegt und dann zugedrückt hatte. Auch das von den Kriminalbeamten vermutete Kampfgeschehen wurde rechtsmedizinisch bestätigt, da die Leichenschau neben den unmittelbar todesursächlichen Verletzungen weitere Verletzungen zutage gefördert hatte, die auf ein derartiges Kampfgeschehen schließen ließen. Unterblutungen an der Wange, der Unterlippe, am Rücken, an den Armen und Beinen sowie an beiden Gesäßhälften waren nach Einschätzung der Expertin auf die Anwendung sogenannter stumpfer Gewalt (wie zum Beispiel nach Sturz oder Schlägen mit einer Faust oder einem – stumpfen – Gegenstand) zurückzuführen. Und auch das Mysterium der Walnussschalen konnte die Rechtsmedizinerin lichten. In der Scheide der Toten hatte sie zwei ganze Walnüsse gefunden, Teile der Schale waren sogar in die Harnblase geraten.

Die Rechtsmedizinerin hielt es für ausgeschlossen, dass sich Else Lührs die Walnüsse selbst eingeführt haben könnte, das Einführen solcher Fremdkörper in die Harnröhre sei viel zu schmerzhaft. Nach der Obduktion stand also mit sehr großer Wahrscheinlichkeit fest, dass der Täter Else Lührs auch geschändet hatte.

Aber wer war der Täter? Die Spuren am Tatort sagten zwar einiges über das Tatgeschehen aus, lieferten der Polizei aber keinen Verdächtigen.

Wir Richter sind in polizeiliche und staatsanwaltschaftliche Ermittlungshandlungen nur selten involviert, und zwar nur dann, wenn im Rahmen dieser Ermittlungen erhebliche Eingriffe in die Freiheitsrechte der Beschuldigten erfolgen sollen. Hausdurchsuchungen, Beschlagnahmen, bestimmte körperliche Untersuchungen und vor allem eine Verwahrung in Untersuchungshaft setzen stets eine richterliche Entscheidung voraus. Im Übrigen ist die Staatsanwaltschaft, wie man sagt, die Herrin des Ermittlungsverfahrens. Sie ist es, die sich der Polizei als »Erfüllungsgehilfin« bedient. Während der Tätersuche sind Gerichte also noch nicht beteiligt, deshalb erfahren wir den Ermittlungsgang erst im Nachhinein durch die Verfahrensakte.

Die Polizisten begannen naheliegenderweise damit, die engsten Angehörigen der Verstorbenen zu vernehmen. Auch wir haben sie alle später in der Hauptverhandlung als Zeugen vernommen. Von ihnen erfuhren wir, dass Else Lührs eine ungemein vorsichtige Person gewesen war, die sowohl die Haustür als auch ihre Wohnungstür stets verschlossen hielt. Offenbar ging sie bei ihrer abgelegenen Wohnlage selbst davon aus, dass sie sich vor ungebetenem Besuch so gut wie möglich schützen musste. Gleichzeitig erzählte ihre Tochter aber auch, dass die alte Frau eine Geldkassette in ihrer Wohnung aufbewahrte, weil sie über das Jahr das Geld ansparte, von dem sie zu Weihnachten ihre Familie großzügig beschenkte. In der Geldkassette sammelten sich zum Jahresende hin immer einige hundert Euro. Bei der Tatortuntersuchung der Polizei war die Kassette leer gewesen. Das legte den Schluss nahe, dass der Täter das Bargeld an sich genommen hatte.

Den entscheidenden Hinweis auf den möglichen Täter lieferte allerdings die jüngere Schwester des Opfers. Else habe sie am Vortag ihres Todes angerufen und ihr ziemlich aufgeregt geschildert, wie sich kurz vorher ein Mann zusammen mit seiner Frau eine der leerstehenden Wohnungen in ihrem Haus angesehen hatte. Die beiden hatten bei Else geklingelt, um sich von ihr einen Zollstock auszuleihen. Else habe den Mann sehr unsympathisch gefunden und daher gehofft, dass er nicht tatsächlich in das Haus einzieht.

Die Polizisten hatten einen ersten Ermittlungsansatz. Da das gesamte Anwesen kommunales Eigentum war, kontaktierten sie die zuständige Mitarbeiterin der Gemeinde und erfuhren von ihr, dass sich ein gewisser Maik Kolze für eine der Wohnungen interessiert und sie ihm für eine selbständige Besichtigung Haus- und Wohnungsschlüssel überlassen hatte.

Bei seiner ersten Befragung gab Maik Kolze an, dass er zwar die Wohnung zusammen mit seiner Frau besichtigt und dabei auch Else Lührs getroffen habe, danach sei er aber sofort nach Hause gefahren und habe das Haus nicht mehr verlassen. Was er in diesem Moment nicht wusste: Die Polizeibeamten hatten routinemäßig an allen in einem bestimmten Radius gelegenen Tankstellen nach besonderen Vorkommnissen gefragt und sich dabei auch gezielt erkundigt, ob ein Mann namens Maik Kolze in der Nacht dort gewesen war. Und tatsächlich: Der Mitarbeiter einer Tankstelle konnte sich noch gut erinnern, dass Maik Kolze mitten in der Nacht mit dem Fahrrad an der Tankstelle erschienen war, eine Flasche Whiskey und Zigaretten gekauft und anschließend ein Taxi bestellt hatte.

Der Mann kannte den Hartz-IV-Bezieher von zahlreichen Besuchen und hatte sich entsprechend darüber gewundert, als Kolze mit einem 100-Euro-Schein bezahlte und für das Taxi gleich mit einem weiteren 100-Euro-Schein »herumwedelte«. Außerdem, so der Tankwart, hatten in dem Fahrradkorb ein Bierfass und eine Großpackung Chlorbleiche gelegen. Maik Kolze erklärte ihm von sich aus, er hätte bei einem Preisausschreiben einen hohen Geldbetrag gewonnen. Beim Warten auf das Taxi leerte Kolze fast die komplette Whiskeyflasche und übergab sich hinter der Tankstelle. Nachdem die Polizei den Taxifahrer ausfindig gemacht hatte, passten dessen Angaben – auch die zur ungefähren Uhrzeit – ohne Einschränkung in die Geschichte des Tankstellenmitarbeiters.

Maik Kolze hatte also gelogen, er musste das Haus in der Nacht noch einmal verlassen haben. Mit diesem Widerspruch konfrontiert, fiel ihm nichts Besseres zu sagen ein als: »Dann muss ich wohl vorher an der Tankstelle gewesen sein.« Im Übrigen blieb er bei seiner Behauptung, sofort nach der Wohnungsbesichtigung nach Hause gefahren und dort geblieben zu sein. Durch diesen Widerspruch zwischen seinen Aussagen und den unabhängigen Zeugenangaben war Maik Kolze in den Augen der Polizei vom Verdächtigen zum Beschuldigten geworden. Von nun an wurde gegen ihn wegen Mordes ermittelt. Soweit ersichtlich, war er derjenige gewesen, der Else Lührs als Letzter lebend gesehen hatte. Er verfügte über Schlüssel, mit denen er sich zumindest Zutritt zum Haus verschaffen konnte, in dem die Getötete gelebt hatte. Vor allem aber war Kolze zur maßgeblichen Zeit in der Nähe des Tatortes gesehen worden – mit für seine Verhältnisse erstaunlich viel Bargeld und anderen sonderbaren Gegenständen. Und für alles dies hatte er keine vernünftige Erklärung, stattdessen hatte er ganz offensichtlich gelogen. Dies reichte, um ihn vorläufig festzunehmen und den Erlass eines Haftbefehls zu beantragen, der einige Tage später auch erging. Danach dauerte es nicht mehr lange, bis die Staatsanwaltschaft Mordanklage gegen Maik Kolze erhob und die ganze Sache bei uns am Schwurgericht anhängig wurde.

Wie in allen anderen Fällen auch war es jetzt erst einmal wichtig, dass wir Richter uns mit dem Fall vertraut machten, indem wir sämtliche von der Staatsanwaltschaft übersandte Akten lasen. Dies ist in Fällen dieser Art mit einem beträchtlichen Zeitaufwand verbunden, weil die Ermittlungsakten in Mordverfahren in deren Verlauf meist einen beträchtlichen Umfang annehmen. Trotzdem ist es wichtig, das Aktenmaterial nicht nur flüchtig durchzugehen, sondern gründlich zu studieren. Nur so können wir beurteilen, ob noch Nachermittlungen erforderlich sind.

Als dieser Teil der Arbeit erledigt war, lag auf der Hand, dass wir Maik Kolze noch vor Beginn der Hauptverhandlung psychiatrisch begutachten lassen mussten. Dafür hatten wir gleich mehrere Gründe ausgemacht. Zum einen wurde beim Lesen der Akten recht bald deutlich, dass Maik Kolze ein massives Alkoholproblem hatte. Es war also nicht ausgeschlossen, dass Alkohol die Tat wie den Täter beeinflusst hatte. Zum anderen war durchaus denkbar, dass wir die Tat im Kontext einer sexuellen Abartigkeit des Täters sehen mussten. Immerhin hatte der Täter das Opfer auch sexuell geschändet. Beide Aspekte konnten Einfluss auf die Schuldfähigkeit des Täters haben und mussten daher von uns aufgeklärt werden.

Aber auch die polizeilichen Ermittlungen schritten weiter voran. Bezüglich der Angaben des Tankstellenmitarbeiters und des Taxifahrers vernahmen die Beamten noch einmal die Kinder der Verstorbenen – insbesondere ging es um die im Haus verwahrten Geldbeträge sowie um das Bierfass und das Bleichmittel.

Heraus kam, dass Else Lührs von ihrer Schwester jeden Monat einen Hunderteuroschein erhalten hatte, als Anteil an den gemeinsam in Elses Wohnung eingenommenen Mittagessen. Erinnern wir uns, Maik Kolze hatte laut des Tankstellenwarts mit solchen Scheinen »herumgewedelt«. Zudem wusste die Tochter, dass Else Lührs wenige Wochen zuvor im Rahmen der Werbeaktion einer bekannten Brauerei ein Fünfliterbierfass gewonnen hatte. Das habe sie vor ihrem Tod sicher weder ausgetrunken noch verschenkt, denn davon hätte ihre Mutter ihr erzählt. Sie erinnerte sich auch daran, dass Else Lührs bevorzugt Chlorbleiche zum Reinigen benutzte, so dass es durchaus nahelag, dass sie davon immer eine Großpackung in der Wohnung vorrätig hatte.

Die Schlinge zog sich immer enger um den Hals von

Maik Kolze, und es sollte noch schlimmer kommen. Denn inzwischen hatten auch die forensischen Biologen des Landeskriminalamtes Sachsen-Anhalt ihre Arbeit gemacht und die am Tatort gesicherten biologischen Spuren ausgewertet. Die DNA-Analyse stellt heute eine unverzichtbare Standardmaßnahme bei der Tatortarbeit dar. Routinemäßig werden bei Gewalttaten Opfer und Tatort nach sogenannter Fremd-DNA untersucht. Dazu werden Stellen, mit denen der Täter aller Wahrscheinlichkeit nach Kontakt hatte, mit einem sterilen und mit destilliertem Wasser getränkten Wattestab abgerieben und gut verpackt ins Labor gebracht, wo sie in einem technisch aufwendigen Verfahren analysiert werden. Je nach Güte der sichergestellten Proben erhalten die Beamten ein mehr oder weniger vollständiges DNA-Muster einer vom Opfer verschiedenen Person, die also auch vom Täter stammen kann. Hat man – wie in unserem Fall – einen Tatverdächtigen, kann man die gewonnenen Ergebnisse mit dem Muster seines Erbguts abgleichen. Ergeben sich Übereinstimmungen, muss der Angeklagte zumindest erklären können, wie seine DNA an den Tatort gelangt ist. Bei Leuten, die sich vorher nicht kannten und nur anlässlich des Verbrechens zusammengetroffen sind, gibt es hierfür selten eine plausible Erklärung.

Dem von den biologischen Fachkräften des Landeskriminalamtes erstellten DNA-Gutachten widmeten wir uns in der späteren Hauptverhandlung sehr ausgiebig, denn die DNA sollte sich auch in unserem Fall als das entscheidende Beweismittel erweisen. Die Wissenschaftler hatten bei der Untersuchung an der linken Halsseite sowie an Fingernägeln, Fingern und Innenfläche beider Hände des Opfers Zellmaterial abgestrichen, das von dem Angeklagten stammen konnte. Mehr als dieses »konnte« war nicht zu erwarten gewesen, denn äußerst selten lässt sich eine Spur so hoher Qualität am Tatort sichern, dass die Probe das gesamte auswertbare Genom des Täters abbildet. Häufig enthalten die gefundenen Spuren lediglich Bruchstücke der DNA. So war es auch hier. Die verschiedenen Spuren wiesen unterschiedliche Mengen an Zellmaterial auf, keine war so gut, dass ein zwingender Schluss auf eine bestimmte Person als Verursacher zulässig war. Dennoch lagen alle Spuren über der Nachweisgrenze – das heißt, das Zellmaterial war für eine wissenschaftlich korrekte Analyse ausreichend. Und in den Proben, die die Rechtsmediziner unter den Fingernägeln der linken Hand gesichert hatten, übertraf das Zellmaterial mengenmäßig sogar das des Opfers. Dies war eine gute Spur, damit konnte man etwas anfangen.

Als die Hauptverhandlung gegen Maik Kolze begann, sahen wir ihn zum ersten Mal. Vor uns saß zusammen mit seinem Verteidiger ein extrem scheuer Mann, der Schwierigkeiten hatte, uns in die Augen zu schauen. Er wirkte etwas verwahrlost und sah aus wie mindestens fünfzig, gut zehn Jahre älter als sein tatsächliches Alter. Auf der emotional-sozialen Ebene machte er einen zurückgebliebenen Eindruck auf mich, auch wenn sich im Verlauf der Hauptverhandlung zeigte, dass er durchaus zu durchschnittlichen intellektuellen Leistungen fähig war. Kein Zweifel: Wir hatten es mit einem Menschen zu tun, der bis dahin kein leichtes Leben gehabt hatte.

Über dieses Leben erfuhren wir einiges, er selbst äußerte sich uns gegenüber ausführlich dazu. Darüber hinaus lieferte uns der Psychiater bei der Vernehmung ein detailliertes Bild des Angeklagten, den er in mehrstündigen Sitzungen »exploriert« hatte. Maik Kolze hatte die klassische Kindheit späterer Straftäter erlebt, die bei ihm in erster Linie von den Alkohol- und Gewaltexzessen seines Vaters geprägt war. Er bezeichnete sich selbst als »Prügelknaben« der Familie, der mit seinem Körper und seiner zerbrechlichen Psyche für alles büßen musste, was dem immerzu betrunkenen Vater gerade nicht in den Kram passte. Entsprechend mustergültig verlief auch Maik Kolzes eigene Alkoholkarriere. Den ersten intensiven Kontakt zum Alkohol hatte er mit zwölf. Von da an steigerte sich sein Trinkverhalten kontinuierlich, nicht zuletzt von seinem Vater animiert, mit dem er auch immer häufiger gemeinsam soff. So entwickelte sich mit der Zeit eine manifeste Alkoholabhängigkeit, die mit Kontrollverlusten, Filmrissen und Entzugserscheinungen einherging. Maik Kolze unterzog sich mehreren Entwöhnungsbehandlungen, die allerdings alle fehlschlugen. Jedes Mal waren die Entgiftungen nur kurzfristig wirksam. Nach eigenen Angaben trank er zuletzt im Durchschnitt zwei Flaschen Schnaps täglich. Maik Kolze war zum Zeitpunkt der Tat also starker Alkoholiker.

Zu dem typischen Muster einer solchen Sozialisation gehört auch die Entwicklung einer sogenannten dissozialen Persönlichkeitsstörung. Menschen mit einer solchen Störung erkennen allgemeingültige Regeln und Normen nicht an, interessieren sich nicht für die Gefühle ihrer Mitmenschen, weshalb sie also auch keine Rücksicht darauf nehmen, und suchen die Schuld an was auch immer stets bei anderen. Oft zeigt sich eine dissoziale Persönlichkeitsstörung schon in der Jugend in kriminellem Verhalten. So war es auch bei Maik Kolze. Erste Diebstähle wurden wegen seines jugendlichen Alters nicht geahndet. Dabei blieb es aber nicht. Direkt nach seinem zwanzigsten Geburtstag wurde Maik wegen mehrfachen Diebstahls zu einer einjährigen Jugendstrafe verurteilt, die er auch zum größten Teil absitzen musste. Nur wenige Wochen nach seiner Haftentlassung wurde er erneut zu einer Freiheitsstrafe von zwei Jahren verurteilt – wegen Vergewaltigung einer Frau. Dass er sich auch von der Verbüßung längerer Haftstrafen nicht davon abhalten ließ, weiterhin schwere Straftaten zu begehen, bewies er, als er nur wenige Monate später aus Verärgerung über den tyrannischen Vater dessen Haus in Brand setzte. Wieder musste Maik Kolze für längere Zeit ins Gefängnis. Den Höhepunkt seiner strafrechtlichen Karriere bildete allerdings eine Verurteilung zu zwei Jahren und zehn Monaten Freiheitsstrafe wegen sexueller Nötigung und sexuellem Missbrauch von Kindern. Wie für dissoziale Persönlichkeiten typisch wurde er auch in den Folgejahren immer wieder straffällig, jedoch beschränkten sich seine Vergehen nun auf kleinere Delikte, wegen denen es auch nicht zu einer erneuten Inhaftierung kam.

Aus dieser »Täterbiographie« wurde für uns Richter klar ersichtlich, dass wir es mit einem Menschen zu tun hatten, für den gesellschaftliche Normen und Gesetze keine Gültigkeit zu haben schienen. Selbst die Verhängung mehrerer Freiheitsstrafen hatten ihn nicht eines Besseren belehrt. Maik Kolze hatte offenbar nie den Wert und die Bedeutung von Regeln für das gesellschaftliche Zusammenleben kennengelernt. Die jedem Menschen eigentlich von Natur aus innewohnende Empathiefähigkeit hatte der Vater ihm systematisch rausgeprügelt.

Von diesem bekannten Phänomen abgesehen stießen wir in den Akten aber auch noch auf eine spezifische Auffälligkeit im Leben des Angeklagten: Von Anfang an hatte sich Maik Kolze zu älteren Frauen hingezogen gefühlt, es war keine einzige Beziehung zu einer gleichaltrigen oder gar jüngeren Frau erwähnt. Bereits seine erste Freundin war über vierzig Jahre alt, er hatte sie auf der Arbeit kennengelernt. Da war Maik Kolze nicht einmal volljährig. Später ging er eine längere Beziehung zu einer zwölf Jahre älteren Frau ein, die etwa zehn Jahre lang hielt. In diesen zehn Jahren hatte er immer wieder sexuellen Kontakt zu Frauen, die alle acht bis zehn Jahre älter waren als er. Schließlich lernte Maik Kolze seine spätere Ehefrau Peggy kennen, mit der er bis zum Tatzeitpunkt zusammenlebte. Auch Peggy war zehn Jahre älter als er. Wohlgemerkt: Diese offensichtliche Vorliebe musste mit der von uns verhandelten Straftat nicht unbedingt etwas zu tun haben, auch wenn sich auf den ersten Blick ein Zusammenhang aufzudrängen schien. Es war damals nicht meine Aufgabe, und es ist auch jetzt nicht mein Ziel, aus den genannten Umständen laienpsychologische Schlüsse zu ziehen. Trotzdem fragte ich mich, ob ein Mann, der sich augenscheinlich zu älteren Frauen hingezogen fühlte, nicht auch an wesentlich älteren Frauen Gefallen finden konnte – auch in sexueller Hinsicht. Bei diesen Überlegungen fielen mir wieder die Walnüsse ein. Ich war fest davon überzeugt, dass sich der Täter mit dem Einführen der Walnüsse in die Vagina der Toten auch sexuelle Befriedigung verschaffen wollte.

Neben der Verlesung der Anklageschrift ist die sogenannte Einlassung des Angeklagten einer der ersten wesentlichen Verfahrensschritte in der Hauptverhandlung. Der Angeklagte erhält also bereits zu Beginn der Hauptverhandlung die Gelegenheit, sich zur Sache zu äußern. Er muss dies nicht tun, er kann auch schweigen oder nur zu einzelnen Aspekten des Vorwurfs Stellung nehmen. Im Gegensatz zu Zeugen muss er sogar nicht die Wahrheit sagen. Das ergibt sich wie bereits erwähnt verfassungsrechtlich aus dem Schutz der Menschenwürde: Kein Angeklagter ist in Deutschland dazu verpflichtet, sich selbst zu belasten. Daher darf ihm aus einer Lüge auch kein Nachteil erwachsen.

Wie sich der Angeklagte »einlässt«, ist Kernstück einer guten Verteidigungsstrategie. Entsprechend bespricht der Verteidiger mit seinem Mandanten vor der Verhandlung sehr ausführlich, ob er etwas sagt, was er sagt und zu welchem Zeitpunkt er etwas sagt. Sehr häufig orientieren sich die Einlassungen des Angeklagten an dem Stand der Ermittlungen, der allen Verfahrensbeteiligten, also auch dem Angeklagten und seinem Anwalt, zugänglich gemacht werden muss. Es gehört ein großes Maß an taktischem Geschick und Fingerspitzengefühl dazu, das Unvermeidliche einzugestehen, nicht unbedingt Beweisbares aber zu bestreiten und durch die Darstellung plausibler anderer Abläufe so viele Zweifel an der eigenen Täterschaft zu streuen, dass eine Verurteilung unwahrscheinlich oder gar unmöglich wird.

An dieser Strategie versuchte sich auch Maik Kolze zusammen mit seinem Verteidiger, allerdings – dies kann hier gleich vorweggenommen werden – ohne durchschlagenden Erfolg. Denn es gelang ihm mit seiner Einlassung gerade nicht, eine in sich schlüssige »Geschichte« darzustellen, die Zweifel an seiner Täterschaft aufkommen ließ. Wollte man Maik Kolze Glauben schenken, war er an der Tat in keinster Weise beteiligt und nur durch eine Verkettung von Zufällen zum Verdächtigen geworden. Hier in Kurzform seine Version:

In den Abendstunden des besagten Tages sieht sich Maik Kolze zusammen mit seiner Frau die Wohnung über der des späteren Opfers an. Bei dieser Gelegenheit klingelt er auch bei Else Lührs, von der er sich einen Zollstock leiht. Nach der Besichtigung fahren er und seine Frau wieder nach Hause. Dort trinken sie »noch ordentlich einen«, bevor sie sich schlafen legen.

Später muss er jedoch wieder aufstehen, weil er eine Verabredung mit zwei der »Kollegen« hat, mit denen zusammen er seit einer Weile illegal mit Zigaretten handelt. Den einen kennt er nur als »Ratte«, der andere nennt sich Nico. Ihre Nachnamen haben sie ihm nie verraten. Seine Frau hat von seinen Aktivitäten als illegaler Zigarettenhändler nichts geahnt, da er immer heimlich verschwunden ist.

In dieser Nacht fährt er mit dem Fahrrad zum Treffpunkt, wo Ratte und Nico ihn mit dem Auto abholen. In einer nahe gelegenen Kleinstadt gehen sie in den Keller eines Hauses, um bei reichlich Alkohol »Geschäftliches« zu besprechen. Dort stößt später auch der Boss der Bande zu ihnen, und sie kommen sehr schnell auf »irgendwelche Pflanzen« zu sprechen, die noch sicher verwahrt werden müssen. In diesem Zusammenhang fällt Maik die erst einige Stunden zuvor besichtigte Wohnung ein, die er seinen Geschäftspartnern auch gleich als geeignetes Versteck vorschlägt. Die anderen sind einverstanden, und ohne den Boss begeben sie sich mit den Pflanzen zu dem Plattenbau. Nachdem Maik die leere Wohnung aufgeschlossen hat, geht er wieder hinunter zum Auto, um die Pflanzen aus dem Auto zu laden. Ratte und Nico bleiben derweil oben in der Wohnung. Maik hat gerade mit dem Ausräumen angefangen, als er aus der Wohnung im ersten Stock plötzlich Lärm und Schreie hört. Sofort lässt er alles stehen und liegen, um dort nach dem Rechten zu sehen. Als er durch die offenstehende Wohnungstür tritt, sieht er Ratte und Nico bei dem leblosen Körper der Frau stehen, bei der er sich den Zollstock geliehen hat. Er gerät in Panik und versucht, Else Lührs wiederzubeleben, wobei er sie »selbstverständlich auch berührt«. Als er merkt, dass er mit seinen Bemühungen keinen Erfolg hat, rennt er wieder hinunter zum Wagen und fährt eilig mit Ratte und Nico davon. Maik und die anderen suchen ihren Boss wieder auf und berichten ihm von den Vorkommnissen. Der beschließt angesichts der Umstände, dass sie in der nächsten Zeit lieber auf weitere Geschäfte verzichten, jedenfalls so lange, bis Gras über die Sache gewachsen ist. Anschließend bringen Ratte und Nico ihn wieder zu seinem Fahrrad. Auf dem Weg dorthin hält Ratte in einem Waldstück, wo er einen Beutel entsorgt und Maik eine Packung Chlorbleiche, die er eigentlich mit entsorgen sollte, ein kleines Bierfass sowie einen Umschlag mit Bargeld überreicht – als Lohn für vergangene Geschäfte, den man ihm bislang noch nicht ausgezahlt hat. Auf dem Weg nach Hause fährt Maik noch einmal an der Tankstelle vorbei.

Zu all dem habe er deshalb bislang geschwiegen, weil er Angst gehabt habe, dass seine »Geschäftspartner« seiner Familie und ihm etwas antun könnten, mit denen sei nämlich nicht zu spaßen.

Im Ansatz hatte Maik Kolze die Regeln einer professionellen Einlassung beachtet, insofern er mit seiner Geschichte alle Indizien, die nach dem aktenkundigen Ermittlungsstand gegen ihn sprachen, mit nicht tatrelevanten Gegebenheiten zu erklären versuchte. Auch bestritt er nicht mehr, dass er nachts noch einmal an der Tankstelle gewesen war, schließlich musste ihm inzwischen klargeworden sein, dass die Bekundungen eines unabhängigen Zeugen seine Lüge entlarvt hatte. Ja, sogar für die Spuren seiner DNA an der Toten hatte er mit der Episode über die angeblichen Wiederbelebungsversuche eine Erklärung geliefert. Und indem er den Besitz von Putzmittel, Bierfass und großer Bargeldmengen als Lohn für seine (illegale) »Arbeit« deklariert hat, zauberte er auch noch zwei Täter aus dem Hut – von denen er nur leider nicht den vollständigen Namen kannte.

Doch dass der Angeklagte lügen darf, heißt nicht, dass das Gericht ihm alles glauben muss. Das Gesetz überantwortet die Würdigung der Beweise dem Gericht, es herrscht der Grundsatz der freien Beweiswürdigung, der den Richtern – innerhalb der Grenzen der Logik – die Entscheidung überlässt, welchen Aussagen und Beweismitteln sie Glauben schenken. Deshalb wäre es sicherlich auch nicht zu beanstanden gewesen, wenn wir die Einlassung des Angeklagten als solche gewürdigt, sie aber ohne weitere Ermittlungen verworfen hätten. Die Geschichte, die Maik Kolze erzählt hatte, war so abenteuerlich, dass sich gut hätte begründen lassen, warum man ihr nicht folgt.

Wir haben uns damals aber für einen anderen Weg entschieden, der zwar einerseits aufwendiger war, andererseits jedoch die wahrscheinliche Verurteilung des Angeklagten auf sichereren Boden stellen würde. Bei dieser Entscheidung haben wir uns auch von der Überlegung leiten lassen, dass Schwurgerichtsverfahren in den seltensten Fällen bereits in der ersten Instanz rechtskräftig werden. Wird der Angeklagte verurteilt, hat er in der Regel nichts zu verlieren, wenn er sich mit einer Revision an den Bundesgerichtshof wendet. Wird er freigesprochen, lässt es die Staatsanwaltschaft sehr häufig nicht dabei bewenden und legt ihrerseits Revision ein. Wir müssen also immer davon ausgehen, dass der Bundesgerichtshof sich mit unserem Urteil beschäftigen wird.

Die Zeit, die durch ein schlankes und schnelles Verfahren zunächst eingespart werden kann, muss um ein Vielfaches nachgearbeitet werden, wenn es zu einer Aufhebung des Urteils kommt. Denn dann muss eine andere Strafkammer des erstinstanzlichen Gerichts den

Strafprozess vollständig neu aufrollen. In großen Verfahren kommen da leicht dreißig bis fünfzig Verhandlungstage zusammen. In der Gesamtbetrachtung bietet es sich daher an, bereits im ersten Durchgang so gründlich wie möglich zu arbeiten und sich vielleicht auch auf zeitaufwendige Beweiserhebungen einzulassen, deren Ausgang bereits vorher nahezu feststeht. Wir haben uns also auf das Spiel eingelassen und in allen polizeilichen Dateien nach Ratte und Nico fahnden lassen. Dazu haben wir sogar eine Phantombildzeichnerin vom Landeskriminalamt angefordert, damit sie von den beiden in der öffentlichen Hauptverhandlung zusammen mit dem Angeklagten jeweils ein Phantombild erstellte. Darüber hinaus ordneten wir eine sogenannte Ausführung des Angeklagten an. Er sollte, selbstverständlich in Begleitung und Bewachung durch die Polizei, den Kriminalbeamten vor Ort zeigen, in welchem Haus er sich mit seinen »Geschäftspartnern« getroffen hatte und wo genau der Mann, der sich Ratte nannte, den Beutel entsorgt hatte. Den ganzen Tag fuhren die Kriminalbeamten mit dem Angeklagten durch die Gegend, auf der Suche nach den von Maik Kolze genannten Örtlichkeiten. Mal schickte er sie in diese, mal in jene Richtung, mal *glaubte* er von diesem Waldstück, mal von jenem, dass sich dort die Gegenstände finden lassen müssten. Im Ergebnis schlugen alle Versuche fehl. Ebenso ergaben sich trotz intensiver Fahndung keine Hinweise auf die Existenz von Ratte und Nico. Eine überzeugende Erklärung hatte der Angeklagte dafür nicht. Spätestens an dieser Stelle war seine Verteidigungsstrategie gescheitert. Er hatte zu viele Tatsachen behauptet, die einer

Nachprüfung durch das Gericht zugänglich waren und sich leicht widerlegen ließen.

Diese Baustelle war also erledigt, nun mussten wir uns dem Nachweis des wirklichen Tathergangs zuwenden. Auch ein belastbares Motiv für die Tat war noch nicht ersichtlich. Ohne Umwege wandten wir uns deshalb an jemanden, von dem am ehesten eine Klärung dieser Fragen zu erwarten war. Und zwar an Peggy Kolze, Maiks Frau. Zwar hatten wir erhebliche Zweifel daran, dass sie überhaupt zu einer Aussage bereit sein würde. Als Ehefrau des Angeklagten stand ihr schließlich ein Zeugnisverweigerungsrecht zu, von dem in der Regel auch Gebrauch gemacht wird, weil keiner freiwillig den Ehepartner ohne Not belasten möchte. Dieser Grundsatz gilt zumindest für intakte Beziehungen, aber davon war in unserem Fall nicht unbedingt auszugehen. Und wir hatten tatsächlich Glück, Peggy war zu unserer Überraschung bereit, umfassend auszusagen, was sie dann auch schonungslos tat. Zum Warmwerden schilderte sie uns zunächst, wie sich das Zusammenleben mit dem Angeklagten in den letzten Jahren gestaltet hatte. Ihre Geschichte passte genau auf unsere Einschätzung des Angeklagten: Anfangs führten die beiden eine harmonische Beziehung, bis der Alkohol ihre Ehe immer mehr dominierte. In betrunkenem Zustand wurde Maik Kolze häufig aggressiv und schreckte auch vor der Anwendung von Gewalt nicht zurück, mehrfach würgte er seine Frau sogar. Phasenweise hatte sie große Angst vor ihrem Mann, weil er so unberechenbar war und aus heiterem Himmel explodieren konnte, wenn er getrunken hatte. Nüchtern war er aus ihrer Sicht »nach wie vor ein liebenswerter Mensch« gewesen. Mit der Zeit jedoch entfernten sich die beiden immer mehr voneinander, er kümmerte sich nur um die gemeinsamen Katzen und die Alkoholvorräte, ihr gegenüber benahm er sich immer gleichgültiger. Selbst zum Sex musste sie ihn drängen, zuletzt ging gar keine Zuneigung mehr von ihm aus. Wegen seines Alkoholkonsums fand Maik nur noch kleine Jobs, allerdings nie länger als für wenige Tage, so dass sie auch in finanzieller Hinsicht in immer größere Schwierigkeiten gerieten. Am Ende des Monats konnten sie sich noch nicht einmal mehr Lebensmittel leisten. Dabei hegte Peggy schon lange den Wunsch, den Hilfsmotor ihres geliebten Fahrrads reparieren zu lassen, weil ihr die Knie oft so weh taten, dass sie kaum laufen konnte. Ohne die technische Hilfe kam sie gar nicht mehr »richtig raus«. Doch angesichts der Kosten wagte sie nicht einmal mehr, daran zu denken.

Vor wenigen Wochen ergab sich dann für ihren Mann eine realistische Möglichkeit, eine feste Anstellung zu bekommen. Doch gelang es ihm noch nicht einmal in den ersten Tagen der Probezeit, pünktlich zur Arbeit zu erscheinen, weshalb er frühzeitig entlassen wurde. Das war der Tropfen, der bei ihr das Fass zum Überlaufen brachte. Peggy war so enttäuscht von ihrem Mann, dass er nichts dafür unternommen hatte, dass sie finanziell wieder besser dastanden und sie sich ihren größten Wunsch, die Reparatur ihres Fahrrads, erfüllen konnte. So wollte sie die Beziehung nicht fortsetzen. Jedoch wollte sie sich erst einmal räumlich von ihrem Mann trennen, in der Hoffnung, dass dies vielleicht die Chance für einen Neubeginn war. Auch wenn Maik dies nicht wollte, erklärte er sich schließlich bereit, sich vorübergehend eine eigene Wohnung zu suchen.

So sahen sie sich gemeinsam die Wohnung im Haus von Else Lührs an, wobei sie auf der Suche nach einem Zollstock auch bei der »alten Dame« klingelten, der zurzeit einzigen Mieterin dort. Im Anschluss an die Besichtigung fuhren sie nach Hause und tranken zusammen noch etwas, bis ihr Ehemann die notwendige Bettschwere erreichte und sich schlafen legte. Gegen 21.00 Uhr stand er jedoch wieder auf und erklärte ihr, er wolle noch einen Freund besuchen. Anschließend verließ er ohne ein weiteres Wort das Haus.

Auf unsere Frage an Peggy Kolze, ob sie etwas davon gewusst habe, dass ihr Mann in illegalen Zigarettenhandel verstrickt sei, schüttelte sie den Kopf. Sie hatte nie etwas davon gehört und konnte sich das auch nicht vorstellen, weil er ja nie Geld gehabt hatte.

Maik Kolze kam erst Stunden später wieder nach Hause. Sie wurde davon wach, dass er an der Haustür klingelte, und ging zu ihm hinunter. Als sie öffnete, hielt er ihr sofort ein Bierfass und eine Großpackung Chlorbleiche hin. Er wollte ihr die beiden Sachen schenken, weil sie doch so gerne Bier trinke und ihre Wäsche so wieder richtig schön weiß würde. Und dann griff er in seine Hosentasche, förderte ein Bündel 100-Euro-Scheine zutage, gab ihr 500 Euro und steckte den Rest des Geldes wieder ein. Seiner staunenden, aber wegen des unverhofften Geldsegens auch strahlenden Frau erklärte er, dass er sich das Geld von dem eben aufgesuchten Freund geliehen habe, damit sie endlich einen neuen Hilfsmotor für ihr Fahrrad kaufen konnte. Dieser Freund habe ihm auch die anderen Sachen gegeben. Sofort am nächsten Tag brachte Peggy Kolze ihr Fahrrad in die Werkstatt.

Jetzt hatten wir die nötige Verknüpfung – und wussten, warum Maik Kolze ausgerechnet an diesem Tag zum Mörder geworden war. Der Vorhang hatte sich gelüftet und gab nun den Blick auf das bis dahin fehlende Motiv frei. An dem Tag, an dem sich Maik Kolze zusammen mit seiner Frau seine künftige Bleibe ansah, wurde ihm klar, dass sie es ernst meinte mit der Trennung. Er aber hing noch an ihr, vor allem wollte er sein gewohntes Leben in dem Haus zusammen mit den Katzen nicht verlieren. Deshalb musste er jetzt schnell etwas unternehmen, um seine Frau wieder milde zu stimmen und sie dadurch vielleicht doch noch von ihrem Trennungsvorhaben abzubringen. Wenn er ihr ihren größten Wunsch erfüllen würde, wenn er dazu beitragen könnte, dass ihr Fahrrad einen neuen Motor bekommt, würde sie ihn wieder zu sich lassen, dürfte er sich gedacht haben. Vielleicht kam ihm schon während der Wohnungsbesichtigung die Idee, später noch einmal zurückzukehren und bei der alten Dame nach »Geschenken« für seine Frau zu suchen. Irgendetwas von Wert würde sich bei ihr schon finden lassen. Möglicherweise war ihm Else Lührs aber auch erst wieder eingefallen, als er abends im Bett lag, weshalb er dann sofort aufstand, um seinen Plan umzusetzen.

Mit dem Schlüssel gelangte er in den Plattenbau, die Wohnungstür von Else Lührs brach er auf. Von dem dadurch verursachten Lärm muss die alte Frau wach geworden sein und Maik Kolze auf frischer Tat ertappt haben. Er aber war fest entschlossen, sich nicht aufhalten zu lassen, auch um den Preis, dass er Else Lührs umbringen musste. Sie wehrte sich noch, hatte aber gegen den starken Mann keine Chance. Mit einem Bein oder Arm drückte er ihr den Hals zu, bis sie kein Lebenszeichen mehr von sich gab. Anschließend schleifte er sie an den Beinen ins Wohnzimmer, wodurch ihr Nachthemd hochrutschte und ihren Unterleib freilegte. Der Anblick der plötzlich unbekleidet vor ihm liegenden Frau erregte ihn. Er nahm zwei Walnüsse aus der Schale auf dem Wohnzimmertisch und führte sie mit den Fingern in die Vagina der Toten ein – sein Ersatz für eine echte Penetration. Im Anschluss daran durchsuchte er ihre Wohnung, entdeckte die Geldkassette, nahm den ganzen Stapel Scheine heraus, ergriff das Bierfass und die Chlorbleiche und machte sich auf den Weg zur Tankstelle, wo er ein Taxi bestellte.

Eine Beziehungskrise und ein defekter Fahrradmotor wurden der völlig unbeteiligten Else Lührs zum Verhängnis. Sie musste sterben, weil sie Maik Kolze zufällig an diesem Tag begegnet war. Hätte die Gemeinde ihm eine andere Wohnung angeboten, würde sie noch leben. So banal ist die Wirklichkeit.

Wir hatten zwar keine Zweifel mehr am Tathergang, allein mit der Aussage seiner Frau jedoch konnten wir Maik Kolze die Tat noch nicht sicher nachweisen. Aber wir hatten ja noch einen Trumpf im Ärmel. Wie oben bereits erwähnt, konnten die forensischen Biologen zum Teil große Mengen Zellmaterials sichern, das ohne Einschränkung auf das Erbgut des Angeklagten passte. Aus der Ermittlungsakte wusste der Angeklagte, dass seine

DNA an der Leiche festgestellt worden war, weshalb er in seiner Version eine Erklärung für den körperlichen Kontakt mit der Getöteten eingebaut hatte: die angeblichen Wiederbelebungsversuche. Nun konfrontierten wir ihn aber damit, dass die größten Mengen seines Zellmaterials unter den Fingernägeln der Getöteten gefunden worden waren. Und fragten ihn, wie sie bei den bloßen Wiederbelebungsversuchen dorthin gekommen seien. Wie nicht anders zu erwarten, hatte er keine Erklärung dafür. Daran ließ sich ein weiteres Mal erkennen, dass die Einlassung des Angeklagten nicht wirklich ausgereift war. Sie war nicht bis zum Ende gedacht und enthielt entscheidende Lücken.

Spätestens an diesem Punkt des Verfahrens war auch der nötige Nachweis für die Täterschaft des Angeklagten erbracht. Ich hatte auch keine Bedenken, die Tat allein schon deshalb als Mord und nicht »nur« als Totschlag zu bewerten, weil Maik Kolze zumindest aus Habgier gehandelt hatte. Was ich mich an dieser Stelle noch fragte, war, ob der Angeklagte auch gemordet hatte, um – wie es im Gesetz heißt – »seinen Geschlechtstrieb zu befriedigen«. Um dies bejahen zu können, hätten wir zu der Feststellung gelangen müssen, dass Maik Kolze Else Lührs auch mit dem Ziel getötet hatte, sich auf diese Weise sexuelle Befriedigung zu verschaffen. Von der Rechtsmedizinerin wussten wir, dass die Walnüsse der Geschädigten postmortal eingeführt worden waren, da sich weder in der Harnblase noch in der Harnröhre Unterblutungen zeigten. Hätte Else Lührs in diesem Zeitpunkt noch gelebt, wäre also ihr Blutkreislauf noch intakt gewesen, hätte es dort zu Verletzungen und damit auch zu Unterblutungen kommen müssen. Da sich aus der Tötungshandlung selbst keine Hinweise auf ein sexuelles Motiv ergaben und es durchaus plausibel war, dass der Angeklagte sich erst nach der Tötung spontan zu der Schändung entschlossen hatte, waren keine ausreichenden Grundlagen dafür vorhanden, den Angeklagten auch wegen eines Sexualmordes zu verurteilen.

Blieb als letzte Frage noch zu klären, ob Maik Kolze bei Begehung der Tat eventuell in seiner Einsichts- oder Steuerungsfähigkeit beeinträchtigt gewesen war. Der von uns beauftragte forensische Psychiater, der den Angeklagten bereits im Vorfeld begutachtet hatte, wohnte auch der gesamten Hauptverhandlung bei und stellte in deren Verlauf, wo er es für notwendig hielt, Fragen an den Angeklagten und an einzelne Zeugen. Nun war die Zeit für seine abschließende psychiatrische Expertise gekommen. Kernfrage: Litt Maik Kolze an einer psychischen Erkrankung, die Einfluss auf seine Schuldfähigkeit hatte? In einem ersten Schritt wandte der Sachverständige sich seiner Alkoholabhängigkeit zu, deren Vorliegen nach seiner Einschätzung »als sicher anzusehen« war. Die Abhängigkeit von Suchtstoffen allein kann die Schuldunfähigkeit eines Menschen jedoch nicht begründen. Es muss hinzukommen, dass sich infolge des fortgesetzten Konsums eine Persönlichkeitsstörung feststellen lässt, verbunden mit einer Einschränkung der sozialen Verantwortungsfähigkeit, mit Unzuverlässigkeit, nachlassendem Interesse an sozialen Kontakten, mit dem Verlust an Kritik- und Urteilsfähigkeit und einer auffälligen Vernachlässigung der Körperpflege. Der Sachverständige räumte ein, dass

Maik Kolze einige dieser Merkmale zweifellos aufwies, jedenfalls im Zeitpunkt seiner Begutachtung. Und dennoch verneinte der Psychiater eine solche alkoholbedingte Persönlichkeitsveränderung. Immerhin hatte der Angeklagte bereits seit frühester Jugend Straftaten begangen, also lange bevor er alkoholabhängig wurde. Die Ursachen seines sozial- und normwidrigen Verhaltens seien in den ungünstigen sozialen Bedingungen zu sehen, in denen Maik Kolze aufgewachsen war. In diesem Zusammenhang ging der Sachverständige auch gleich noch auf die Frage ein, ob es Anhaltspunkte dafür gab, dass der Angeklagte zum Tatzeitpunkt so stark alkoholisiert gewesen war, dass es seine Steuerungsfähigkeit erheblich beeinträchtigt hatte. Auch dies verneinte der Sachverständige. Bei einem so trinkgewohnten Alkoholiker würden auch große Mengen Alkohol nicht gleich zu einem schweren Rauschzustand führen. Die Hauptverhandlung habe ja auch deutlich gemacht, dass der Angeklagte im Tatverlauf zu zielgerichtetem und planvollem Handeln in der Lage gewesen war. Hinzu komme, dass den Leuten, die ihn unmittelbar nach der Tat erlebten, nichts Außergewöhnliches in seinem Verhalten aufgefallen war. Sowohl der Tankstellenmitarbeiter als auch der Taxifahrer hätten ihn als verhältnismäßig normalen Menschen erlebt. Damit waren also keine der typischen Vergiftungserscheinungen im Bereich der Koordination, der neurologischen Fähigkeiten oder des Denkablaufes erkennbar, die für eine verminderte Schuldfähigkeit gesprochen hätten.

Abschließend nahm der Sachverständige zu einem letzten Punkt Stellung, nämlich dem Verdacht, dass

Maik Kolze möglicherweise an einer sogenannten Alkoholpsychose litt. Dies war deshalb nicht von vornherein auszuschließen, weil wir aus den Krankenunterlagen und von seiner Frau wussten, dass er kurze psychotische Episoden erlebt hatte. So hörte er etwa Stimmen oder aber sah Mäuse und andere Wesen auf der Gardinenstange entlanglaufen, die in Wirklichkeit nicht existierten. Allerdings, und deshalb sei dies nichts Ungewöhnliches, hätten sich alle erwähnten Phänomene während des Alkoholentzugs ereignet, während im Alltag niemand etwas Derartiges beobachtet habe. Deshalb könne er auch keine Alkoholpsychose diagnostizieren.

Wir schlossen uns in allen Punkten den Ergebnissen des Sachverständigen an. Auch wir waren am Ende überzeugt, dass Maik Kolze zwar alkoholabhängig und in gewissem Sinne auch eine dissoziale Persönlichkeit war, hatten aber ebenfalls keine Zweifel daran, dass er wusste, was er tat. Unserer Auffassung nach konnte er das Unrecht seiner Tat deutlich genug sehen.

Wir verurteilten Maik Kolze wegen Mordes zu einer lebenslangen Haftstrafe. Die von ihm gegen unser Urteil eingelegte Revision verwarf der Bundesgerichtshof.

Der Ornithologe

Im Alltag merken wir immer wieder, wie stark unser Leben von Zufällen abhängig ist. Manchmal gilt das auch für Gewaltverbrechen. Wohl niemand, der Holger Marquardt auch nur ein bisschen kannte, wäre auf die Idee gekommen, er könnte jemals in eine schwere Straftat verwickelt sein. Erst recht sprach nichts dafür, dass ausgerechnet dieser freundliche, ausgeglichene, zurückhaltende, fast schon schüchterne und in geordneten Verhältnissen lebende 32-jährige Mann ein Gewaltdelikt begehen würde, bei dem beinahe zwei Menschen ihr Leben lassen mussten.

Seine Eltern und die engsten Freunde waren noch in der Gerichtsverhandlung sprachlos, sie konnten »ihren« Holger nicht mit den Vorwürfen der Staatsanwaltschaft in Verbindung bringen. Nie sei er aggressiv gewesen, auch dann nicht, wenn er Alkohol getrunken habe. Auseinandersetzungen mit anderen Menschen sei er aus dem Weg gegangen, er habe sich bei Streitigkeiten immer rausgehalten. Nicht ein einziges Mal hätten sie erlebt, dass Holger mit jemandem ernsthaft in Konflikt geraten sei. Auch in kleineren Beziehungsstreitereien sei er eher defensiv gewesen, habe nachgegeben und sich für eine Weile zurückgezogen. Auch nach Aussage seiner Lebensgefährtin war er zudem überhaupt nicht nachtragend und nach Auseinandersetzungen schnell wieder versöhnt.

Nein, das ist beim besten Willen nicht die Beschreibung eines Angeklagten, mit dem es Strafgerichte gewöhnlich zu tun haben. Sehr oft wird bei möglichen Tätern ein stark von Gewalt geprägtes Vorleben offenbar. Ihre Biographie enthält in der Regel deutliche Hinweise darauf, dass sie es gewohnt waren, Konflikte gewaltsam zu lösen. Beispielsweise fallen Menschen, die Diebstähle und Körperverletzungen begehen, immer wieder sowohl in ihrem privaten Umfeld als auch in der Öffentlichkeit durch aggressives Verhalten auf. Ausnahmen von diesem Muster sind bemerkenswerterweise Fälle von Mord oder Totschlag. Diese Täter haben oftmals bis zur Tat ein friedfertiges Leben geführt.

Diesmal schien ein völlig untypischer Angeklagter vor unserer Richterbank zu sitzen. Holger war als Einzelkind in einem intakten Elternhaus aufgewachsen. Bis heute wohnen Holgers Eltern, Großeltern und weitere Verwandte im selben Stadtviertel und besuchen sich oft gegenseitig. In dieser Großfamilie herrschte ein friedliches Klima, die Kinder wurden niemals geschlagen, und die Erwachsenen gingen einer regelmäßigen Arbeit nach, und auch Alkohol wurde nur in Maßen genossen.

Seine Tante, eine begeisterte Hobby-Ornithologin, sorgte dafür, dass Holger einen wesentlichen Teil seiner Kindheit in der Natur verbrachte. Er lernte die Vogelwelt kennen und lieben und entwickelte früh eine Leidenschaft für Freizeitaktivitäten in der freien Natur. Bis heute sind Holgers liebste Hobbys das Beobachten von

Vögeln, Jagen oder Wandern – Hauptsache, er kann so viel Zeit wie möglich draußen verbringen.

Holger war nie ein besonders guter Schüler. Für die zunächst angestrebte Gymnasiallaufbahn reichten seine Fähigkeiten nicht aus. Und auch nach dem Wechsel auf die Hauptschule brauchte er schließlich mehrere Anläufe für seinen Abschluss. Mit dem bewarb er sich dann aber erfolgreich um eine Lehrstelle als Schlosser, die er drei Jahre später ebenfalls mit Erfolg beenden konnte. Nach vielen Jahren zwischen Arbeitslosigkeit und befristeten Arbeitsverhältnissen erhielt Holger Marquardt endlich eine Festanstellung bei einem großen Unternehmen, die er auch behielt bis zu seiner Inhaftierung in der hier geschilderten Sache.

Mit seinem festen Job verdiente Holger relativ gut, so dass er sich zum ersten Mal in seinem Leben etwas leisten konnte. In diese Phase seines Lebens fiel auch die Bekanntschaft zu Cindy Weber. Vor Cindy hatte Holger kaum Kontakt zu Frauen, es hatte nur eine einzige mehrmonatige Beziehung gegeben, wie er uns in der Verhandlung erzählte. Cindy war drei Jahre älter, und ihm gefiel ihre zupackende Art. Holger verliebte sich in sie und zog von zu Hause aus und mit ihr zusammen. Ein Jahr später bekamen sie einen Sohn. Holger hatte plötzlich eine eigene kleine Familie, worüber er sehr glücklich war. Die Beziehung funktionierte gut, Holger war vernarrt in seinen Sohn, und die drei bestritten ihren Alltag tapfer und mit viel Lebensfreude.

An den Wochenenden trafen sich Cindy und Holger mit ihrer großen Clique, mit der sie entweder bei einem der Freunde zu Hause feierten oder gemeinsam ausgingen. Bei diesen Zusammenkünften wurde auch ordentlich dem Alkohol zugesprochen. Auch früher schon hatte Holger in seiner Freizeit und vor allem anlässlich von Feiern mit Freunden gern mal ein paar Biere getrunken. Das hatte ihn schließlich auch einige Jahre zuvor seinen Führerschein gekostet. Nach einer besonders ausgelassenen Feier war er mit dem Auto nach Hause gefahren und nur wenige Meter von seinem Wohnhaus entfernt wegen eines Reifenschadens von der Polizei angehalten worden. Als die Beamten sein Blut untersuchen ließen, wies es einen Alkoholgehalt von unglaublichen 3,5 Promille auf. »Normale« Menschen fallen bei einer solchen Alkoholisierung ins Koma, Holger war offensichtlich aber noch zu koordinierten Handlungen in der Lage. Er hatte nur Pech gehabt, dass den Polizisten der Reifenschaden an seinem Fahrzeug aufgefallen war. Bis zur Hauptverhandlung in dem hier beschriebenen Fall hatte Holger seinen Führerschein auch nicht mehr wiedererlangt.

Dennoch hatte Holger sein Leben im Griff, seine Exzesse wirkten sich weder auf seine Arbeit noch auf seine Beziehung aus. Laienhaft formuliert war er bis zuletzt so etwas wie ein »Quartalssäufer«, also jemand, der tagelang auf den Genuss von Alkohol verzichten und seine Alltagspflichten erfüllen konnte, bei bestimmten Gelegenheiten aber kräftig trank. Wie oben schon angedeutet war es aber keinesfalls so, dass er in diesen Situationen zu unberechenbarem Verhalten neigte, nein, auch betrunken blieb er ein ruhiger und liebenswerter Mensch, den seine Freundin und auch die gemeinsamen Freunde weiterhin gerne um sich hatten.

In unserer Verhandlung drehte sich alles um einen eigentlich typischen Freitagabend für die Clique. Cindy und Holger brachten ihren Sohn zu seinen Großeltern, damit sie ihre Freunde zu sich nach Hause einladen konnten. Wie so häufig wollten sie dann zu später Stunde alle noch in einen Nachtclub aufbrechen, in dem am Wochenende harte elektronische Musik aufgelegt wurde. Cindy und Holger deckten sich mit verschiedenen alkoholischen Getränken ein, damit sie ihre Gäste großzügig bewirten konnten. Alles verlief wie immer, es wurde viel gelacht und geredet, der Alkohol floss in Strömen. Kein Streit, noch nicht einmal eine heftige Diskussion trübte die gute Stimmung. Auch der anschließende Club-Besuch verlief reibungslos, alle Beteiligten waren guter Dinge.

Um drei Uhr in der Frühe hatten die meisten genug, so dass sie in verschiedenen Gruppen den Heimweg antraten. Auch Cindy und Holger brachen auf; als sie jedoch auf dem kurzen Weg zu ihrer Wohnung an einem Pizza-Imbiss vorbeikamen, in dem Holger fast schon Stammgast war, kam er auf die rückblickend fatale Idee, dort noch für einen »Absacker« einzukehren. Cindy wollte zwar lieber gleich ins Bett, hatte aber keine Einwände dagegen, dass Holger sich noch alleine amüsieren ging. Schließlich hatte er dies in der Vergangenheit schon häufiger getan, ohne dass es dabei zu bedenklichen Folgen gekommen wäre. Sie küssten sich zum Abschied, er wünschte ihr eine gute Nacht und nahm Kurs auf den Pizza-Imbiss. Wäre Holger doch nur mit Cindy nach Hause gegangen.

Einen ähnlichen Verlauf hatte der Freitagabend von

Daniel und Matthias genommen, zwei Mittvierziger, deren Leben sehr unterschiedlich verlaufen waren, die aber trotzdem seit Jahrzehnten Freunde waren. Daniel trug einen Bürstenschnitt mit schulterlangen Haaren im Nacken und gab sich mit Bomberjacke und Springerstiefeln gern den Anschein eines »harten Kerls«. Im Vorstrafenregister fand sich aber keinerlei Eintragung wegen Körperverletzung. Allerdings hatte er wie Holger Marquardt die Angewohnheit, gerne einmal mehr zu trinken, als es für ihn gut war. Und auch er hatte betrunken bei einer Fahrt seinen Führerschein eingebüßt, war also wegen einer Trunkenheitsfahrt vorbestraft.

Matthias war offenbar der Gesetztere und Vernünftigere von beiden, jedenfalls wirkte er in der Verhandlung so auf uns. Die größere Ernsthaftigkeit erklärte sich vielleicht dadurch, dass er als alleinerziehender Vater Verantwortung für seine drei Kinder trug. Da er sich viel um sie kümmern musste, ergab sich selten die Gelegenheit für Matthias, mal richtig über die Stränge zu schlagen. An diesem Freitag war es wieder so weit. Daniel und er hatten sich bei ihm zu Hause zum Essen getroffen und den Abend gleich mit einem Bier begonnen. Von Anfang an mit von der Partie war auch Wolfgang, der Bruder von Matthias' Jugendliebe, zu dem er auch nach der Trennung noch ein freundschaftliches Verhältnis pflegte. Gegen zehn stieß der zwanzigjährige Neffe von Matthias, Steffen, zu ihnen. Eigentlich hatten die vier Männer nicht vor, das Haus an diesem Abend noch zu verlassen. Als jedoch gegen Mitternacht die Biervorräte zur Neige gingen, entschlossen sie sich, just in dem Imbiss für Nachschub zu sorgen, in den einige Stunden später auch Holger einkehren sollte. Die Stimmung in der Gaststätte war so gut, dass die Männer sich kurzerhand entschlossen, ihre Feier gleich dort fortzusetzen, statt sich nur mit Getränken zu versorgen. Die Gruppe verstand sich gut, nur für einen einzigen Moment gab es Streit mit einem anderen Gast, der bereits zu viel getrunken und in diesem Zustand Steffen beleidigt hatte. Matthias hatte jedoch mit ein paar deutlichen Worten für Ruhe gesorgt. Um drei Uhr morgens hatten auch sie genug getrunken und entschlossen sich, nach Hause zu gehen. Sie hatten sich gerade erhoben, Matthias war an den Tresen getreten, um die Zeche für alle zu bezahlen, als Holger das Lokal betrat. Er traf geradewegs auf Daniel, der auf dem Weg nach draußen war. In kürzester Zeit entwickelte sich zwischen ihnen aus dem Nichts heraus ein Streit, den sie vor der Gaststätte fortsetzten. In dessen Verlauf griff Holger zu seinem zufällig mitgeführten Klappmesser, das sonst nur auf seinen ausgedehnten Wandertouren zum Einsatz kam, und versetzte Daniel zehn Stiche in den Rücken-, Hals- und Kopfbereich. Matthias, der seinem Freund zu Hilfe kommen wollte, stach er zweimal in den Rücken. Voller Panik und blutverschmiert flüchtete Holger im Anschluss daran wieder zurück in den Imbiss. Dort schloss er sich auf der Gästetoilette ein, um mit dem Handy seine Freundin anzurufen, die bereits im Bett lag, und ihr zu erzählen, dass er »gerade einen schlimmen Fehler begangen« habe. Sofort zog sie sich wieder an und begab sich zum Tatort, wo mittlerweile ein Großaufgebot der Polizei und mehrere Notarztwagen standen. Sie bekam gerade noch mit, wie Holger von einem Polizeibeamten abgeführt und in einen Streifenwagen gesetzt wurde. Von Wolfgang und Steffen hatten die Polizeibeamten erfahren, dass Holger in den Pizza-Imbiss geflüchtet war, und Holger hatte ohne Zögern die Toilettentür geöffnet und der Polizei das blutverschmierte Messer übergeben. Anschließend ließ er sich widerstandslos festnehmen, dabei rief er: »Aber ich wurde doch geschlagen.«

Es grenzt an ein Wunder, dass weder Daniel noch Matthias lebensbedrohliche Verletzungen erlitten. Die Wunden wurden chirurgisch versorgt, und beide konnten das Krankenhaus schnell wieder verlassen. Die durch die Tat verursachten körperlichen Beeinträchtigungen waren relativ gering ausgefallen, die psychischen Folgen wirkten jedoch nach. Als wir Daniel und Matthias später als Zeugen befragten, gaben beide an, dass sie seit den Messerstichen unter Angstzuständen litten und sich in psychologischer Behandlung befanden.

Die Staatsanwaltschaft erhob gegen Holger Marquardt Anklage wegen zweifachen versuchten Totschlags, die wir durch Gerichtsbeschluss auch zur Hauptverhandlung zuließen, da sich auch unserer Auffassung nach aus den staatsanwaltschaftlichen Ermittlungen ein hinreichender Tatverdacht ergeben hatte.

Jedes Strafverfahren gliedert sich in ein Ermittlungsverfahren, ein Zwischenverfahren und das Hauptverfahren. Das Ermittlungsverfahren endet mit der Anklageerhebung durch die Staatsanwaltschaft. Im Zwischenverfahren prüft das Gericht, ob nach den Ermittlungen ein Tatverdacht vorliegt, der ein Hauptverfahren rechtfertigt, ob also nach Aktenlage eine »hinreichende Verurteilungswahrscheinlichkeit« besteht. Je nach Beurteilung fasst das Gericht dann einen E.öffnungs- oder eben einen Nichteröffnungsbeschluss. Erst danach kommt es gegebenenfalls zur Hauptverhandlung – wie eben auch im Fall Holger Marquardt.

Dort ging es zuallererst darum, den wahren Tatverlauf zu klären: Was war in den wenigen Minuten zwischen der Begegnung von Holger und Daniel und den Messerstichen wirklich geschehen? Wie konnte es ohne erkennbaren Grund zu einer solchen Eskalation kommen? Was hatte den sonst so ausgeglichenen und friedliebenden Holger zu dieser Tat hingerissen? Wir wussten, dass es nicht leicht werden würde, diese Fragen im Verlauf der Hauptverhandlung zu beantworten, denn der Inhalt der Akten zeichnete ein widersprüchliches Bild von der Tat. Unübersehbar war von Anfang an auch, dass wir uns mit der Frage der Notwehr würden auseinandersetzen müssen. Denn irgendetwas musste im Vorfeld geschehen sein, das den nun Angeklagten zu seinem Messer greifen ließ. War er, wie er es bei seiner Festnahme spontan äußerte, tatsächlich geschlagen worden? Hatte er also seinerseits »nur« auf einen Angriff reagiert? Und war der mögliche Angriff auf ihn so gravierend, dass er die massive Reaktion rechtfertigen konnte? Ist Holger vielleicht aus Angst »ausgerastet« und hat aus diesem Grund die Grenzen seines Notwehrrechts überschritten? Schnell wurde deutlich: Erst wenn wir auf diese Detailfragen eine zufriedenstellende Antwort fänden, würden wir zu einem angemessenen Urteil kommen können.

Um einen fairen Prozess zu gewährleisten und weil nach rechtsstaatlichem Prinzip der Angeklagte nicht Objekt, sondern Subjekt des Strafverfahrens ist, erhält er zu Beginn die Gelegenheit, zu den Vorwürfen der Staatsanwaltschaft Stellung zu nehmen. Er und seine Sicht der Dinge sollen noch vor der Beweisaufnahme stehen. Von diesem Recht machte Holger Marquardt auch Gebrauch und schilderte seine Version der Vorgänge, soweit er sich noch an sie erinnern konnte.

Er könne noch sagen, dass er beim Betreten des Imbisses an der Theke eine Gruppe von Leuten habe stehen sehen, die anscheinend gerade zahlen wollten. Fast im gleichen Moment, so seine Darstellung, tauchte ein Mann vor ihm auf, an dem er wegen der Enge im Lokal nicht vorbeikam. Daran, wie es zu dem anschließenden Streit mit Daniel gekommen war, habe er keine Erinnerung mehr. Er wisse nur noch, dass er und Daniel die Gaststätte verließen und er in dem Moment wegrannte, als auch Daniels Begleiter herauskamen. Denn vor allem angesichts der Überzahl von Daniel und seinen Freunden habe er Angst bekommen, von ihnen zusammengeschlagen zu werden. Er lief einige Meter bis zur nächsten Kreuzung, bog dort links in eine Straße ein und rannte noch etwa 50 Meter bis zu einer Straßenlaterne. An dieser Stelle drehte er sich um und bemerkte im Laternenlicht, dass Daniel ihm gefolgt war. Sofort verpasste Daniel ihm zwei Faustschläge ins Gesicht, wodurch er zu Boden ging. Am Boden liegend, zog er sein Messer aus der Hosentasche, stand auf und ging mit dem Messer auf den immer noch in Angriffshaltung vor ihm stehenden Daniel los. Er habe ihm einen Stich an den Kopf oder aber in den Arm versetzt, sagte Holger weiter, dieses Bild habe er noch deutlich vor Augen. An die weitere Auseinandersetzung mit Daniel und auch mit Matthias fehle ihm jede Erinnerung. Er könne sich erst wieder daran erinnern, dass er von der Toilette im Pizza-Imbiss aus telefonierte und anschließend verhaftet wurde. So weit Holger Marquardts Version des Tatgeschehens, die nun die Grundlage für die weitere Gerichtsverhandlung bildete.

Der Angeklagte in einem Strafverfahren hat nicht nur das Recht, zu schweigen, sondern auch, im Gegensatz zu Zeugen, muss er nicht die Wahrheit sagen. Es ergibt sich verfassungsrechtlich aus dem Schutz der Menschenwürde. Dazu gehört, dass niemand dazu verpflichtet werden kann, seine eigene Verurteilung und Bestrafung herbeizuführen. Die Strafprozessordnung sieht aus diesem Grund vor, dass der Angeklagte nicht verpflichtet ist, überhaupt Angaben zu machen. Wegen Falschaussagen können daher nur Zeugen bestraft werden.

Ob und wie der Angeklagte sich hinsichtlich der Tatvorwürfe äußert, ist eine der zentralen Entscheidungen, die er oder sie zusammen mit dem Verteidiger treffen muss. Natürlich spielen dabei immer auch strategische Gesichtspunkte eine Rolle. Der Angeklagte kann etwa für ihn günstige Umstände besonders betonen und seine Darstellung des Tatverlaufs daran ausrichten. Holger Marquardt hatte eine Entscheidung getroffen.

Ob wahr oder nicht wahr, Holgers Verteidigungslinie wurde in Umrissen erkennbar. Wie schon zu vermuten war, wollte er mit der Schilderung eines Angriffs gegen ihn eine Notwehrlage darstellen. In seiner Lesart war er Opfer und nicht Täter. Ferner fielen uns die Erinnerungslücken als zweiter Pfeiler der Verteidigungsstrategie auf, die in Verbindung mit Holgers von Angst getriebener Reaktion auf eine Affekttat hindeuten sollten. Um den Wahrheitsgehalt einer solchen Darstellung beurteilen zu können, hatten wir auch für dieses Verfahren einen psychiatrischen Sachverständigen hinzugezogen, der uns zum Ende des Verfahrens würde behilflich sein müssen.

Doch so weit waren wir noch lange nicht, denn vorher galt es mit allen uns zur Verfügung stehenden Beweismitteln aufzuklären, ob die uns von Holger gelieferte Variante des Tatgeschehens der Wahrheit entsprach oder mit überzeugenden Beweismitteln widerlegt werden konnte. Denn erst wenn mit größtmöglicher Sicherheit feststand, was in der damaligen Nacht wirklich vorgefallen war, konnten wir uns ernsthaft mit den rechtlichen Problemen des Falles befassen. Es war also an der Zeit, die »andere Seite« zu den Vorgängen zu befragen. Was konnten uns Daniel, Matthias, Steffen und Wolfgang dazu sagen.

Gerichte werden nicht selten von Opferzeugen belogen, auch wenn sie im Gegensatz zum Angeklagten zu einer wahrheitsgemäßen Aussage verpflichtet sind und wegen Falschaussage bestraft werden können. Das Gericht kann jedoch von der Vereidigung eines Opferzeugen absehen, was in der Regel auch passiert. Das ändert zwar nichts daran, dass die Falschaussage strafbar ist – sie ist nur kein Meineid, für den das Gesetz eine höhere Strafe vorsieht.

Wenn Opferzeugen vor Gericht lügen, dann zum einen, weil sie in vielen Fällen ein Interesse daran haben, den eigenen Beitrag an dem Konflikt zu verheimlichen oder zu beschönigen, der zur Straftat geführt hat. Zu diesem Beweggrund hat sich gerade in den letzten zehn Jahren ein weiteres Motiv gesellt. Heute treten die Opfer schwerer Straftaten oder deren Angehörige regelmäßig als Nebenkläger auf. Das war noch vor gut zehn Jahren eher die Ausnahme. Das Gesetz verpflichtet die Gerichte, ihnen einen Rechtsanwalt beizuordnen, der ihre Interessen, also die des Tatopfers, in der Hauptverhandlung umfassend wahrnimmt. Bei mir hat sich in vielen Verfahren der bedauerliche Eindruck festgesetzt, dass sich diese Interessenwahrnehmung meist darauf beschränkt, in finanzieller Hinsicht möglichst viel für den Nebenkläger herauszuholen. Hier geht es um Schadensersatz, Schmerzensgeldansprüche und Renten, zu deren Begründung ein erheblicher Aufwand betrieben wird. Ich wurde in zahlreichen Prozessen den Verdacht nicht los, dass sich hinter all diesen ärztlichen Attesten mit den eigenartigsten psychischen Folgeerkrankungen das nackte monetäre Interesse verbarg. Bedauerlicherweise geht diese ständige Skepsis an der Redlichkeit der Nebenklage zu Lasten der Opfer, die stark an den Folgen von Straftaten leiden. Dass es diese traumatisierten Opfer gibt, steht schließlich außer Frage.

Mit dieser Vorrede will ich aber keineswegs zum Ausdruck bringen, dass wir den hier in Rede stehenden Opferzeugen von Anfang an nicht glaubten oder die Vermutung hatten, es ginge ihnen nur ums Geld. Als Erstes kam Daniel zu Wort, der neben dem Angeklagten vermutlich am stärksten an der Auseinandersetzung beteiligt gewesen war. In nahezu allen Verfahren bietet es sich an, mit der Vernehmung der unmittelbarsten Zeugen zu beginnen, da sie in der Regel am meisten zur Aufklärung beitragen können. Sofern es überlebende Opfer gibt, sollte sich das Verfahren zunächst auf sie konzentrieren.

Dass sich daran nicht alle halten, hat zuletzt der »Kachelmann-Prozess« gezeigt. Die für dieses Verfahren zuständige Strafkammer vernahm vor dem vermeintlichen Tatopfer zunächst eine Vielzahl von Zeugen, von denen man wusste, dass sie zur Aufklärung der Tat selbst nichts beitragen konnten. So wurden etwa zunächst Zeugen befragt, die Erkenntnisse zum Vorleben des Angeklagten liefern sollten. Dieses Vorgehen der Strafkammer ist ungewöhnlich und deshalb, insbesondere von der Verteidigung, nicht zu Unrecht scharf kritisiert worden. Auf die Frage, warum die Kollegen so vorgegangen sind, habe ich auch keine plausible Antwort.

Daniel sagte als Erstes, dass er nicht mehr wüsste, worüber genau der Angeklagte und er sich in die Haare gekriegt hatten. Nach seinen Angaben hatte Holger seine Frage, ob er ein Problem mit ihm habe, erst verneint, sich Sekunden später jedoch korrigiert, er habe allerdings ein Problem mit ihm. »Na, dann klären wir das doch draußen«, erwiderte Daniel, und schon hätte man sich »in den Klamotten gehabt«. Laut Daniel wurden aber keine Schläge ausgeteilt, lediglich an den Kleidern »rumgezerrt«. Derart ineinander verkeilt, liefen sie um die nächste Straßenecke, um das Gerangel nicht unmittelbar vor der Gaststätte fortzusetzen. Irgendwann wurde Daniel die ganze Sache zu blöd, er wollte nur noch weg. Deshalb schubste er Holger von sich, und der landete auf der Erde. Daniel selbst drehte sich um und ging langsam weg. Plötzlich spürte er einen stechenden Schmerz, im nächsten Moment lief ihm Blut über den Hals und das Gesicht. Er lief auf seine Freunde zu, die nach seiner Aussage noch vor dem Pizza-Imbiss standen. Dabei »hing der Angeklagte förmlich« an ihm und stach die ganze Zeit auf ihn ein. Daniel schrie laut, damit seine Freunde merkten, was passierte, und ihm zur Hilfe eilten.

Halten wir fest: Nach Daniels Version ist der Angeklagte also nicht vor ihm und seinen Freunden weggelaufen, vielmehr hatten sie sich gemeinsam um die nächste Straßenecke begeben, wo sie ihren Streit »von Mann zu Mann« ohne die Anwesenheit der anderen austrugen. Auch waren den Messerstichen laut Daniel keine Faustschläge vorausgegangen. Von einer Notwehrlage für Holger konnte nach dieser Darstellung also keine Rede sein.

Die Aussage von Matthias, dem wir uns in der Beweisaufnahme als Nächstes widmeten, stimmte in den wesentlichen Punkten mit der von Daniel überein. Auch er gab an, dass Holger und Daniel sich in einer Nebenstraße alleine auseinandergesetzt hätten, wovon er und seine Begleiter erst etwas mitbekommen hätten, als Daniel, von einem ihm damals unbekannten Mann verfolgt, blutverschmiert und schreiend wieder in Richtung Imbiss gelaufen sei. Matthias hatte die Lage ziemlich schnell erkannt, wie er uns sagte, und wollte seinem Freund helfen, indem er den Angreifer wegschubste. Doch dabei bekam der ihn zu fassen und zog ihn auf den Boden, wo es zwischen ihnen zu einer Rangelei kam. Dabei versetzte Holger ihm irgendwann die Messerstiche. Schließlich kam Wolfgang und zog ihn von dem Angeklagten weg, so dass dieser zu dem Pizza-Imbiss flüchten konnte.

Nach den Schilderungen der beiden Messerstichopfer standen zwei Versionen der Tat gegeneinander. Durch die anschließenden Vernehmungen von Wolfgang und Steffen kam jedoch Bewegung in die Sache. Genauer gesagt: Die Version der Opferseite bekam Risse. Nach Wolfgangs Aussage kam er selbst als Letzter aus dem Imbiss und sah, wie sich Holger und Daniel prügelten. Schubsend begaben sie sich in die Nebenstraße, und er – das sollte später noch von Bedeutung sein –, er habe noch beobachtet, wie die Baseballkappe des Angeklagten wegflog.

Steffen wiederum war nach eigenen Angaben zuerst davon ausgegangen, dass ursprünglich Holger und Wolfgang aneinandergeraten waren und Daniel den Streit nur schlichten wollte. Die »richtige Schlägerei« sah er nicht, trotzdem bekam er mit, dass Daniel nach dem Angeklagten trat. Als Nächstes, so Steffen, sah er erst wieder was »von der Sache«, als Daniel blutend um die Ecke kam.

Die Erfahrung hat mir gezeigt, dass es ungemein schwierig ist, eine Aussage so zu erfinden oder zu konstruieren, dass sie sich widerspruchslos in das Gesamtbild der anderen Beweise einfügt. Zunächst setzt ein solches Verhalten eine gewisse Konstanz voraus, also die Fähigkeit, eine (zum Teil) erdachte Geschichte über einen langen Zeitraum immer wieder gleich zu erzählen. Das ist, vor allem bei komplexen Ereignissen, schwieriger, als man sich vielleicht vorstellt. Zweitens muss der Betreffende auch die anderen Beweismittel im Auge behalten, um nicht etwas zu behaupten, das durch sie widerlegt würde. Zu guter Letzt muss er sich, falls es mehrere »Mitzeugen« gibt, auf diese ganz und gar verlassen können. Alle müssen gleichermaßen gut funktionieren, damit der Schwindel nicht auffliegt, was ab einer bestimmten Gruppengröße nahezu aussichtslos ist.

Zum Verhängnis wurde den Nebenklägern in unserem Fall vor allem das Aussageverhalten von Steffen. Als noch verhältnismäßig jungem und recht naivem Menschen war es ihm offensichtlich am schwersten gefallen, sich an die erwähnten Notwendigkeiten zu halten. Nach meiner Erfahrung sind junge Zeugen keine guten Lügner. Sie sind häufig noch nicht so abgebrüht, um der Drucksituation einer gerichtlichen Vernehmung standzuhalten. Wie die meisten anderen Zeugen auch wurde Steffen bereits Monate vor der Gerichtsverhandlung polizeilich vernommen, und zwar noch in der Tatnacht. Eine zeitnahe Vernehmung der Zeugen ist stets angeraten, weil sich die Betreffenden zu diesem Zeitpunkt naturgemäß noch gut an die entscheidenden Vorgänge erinnern können. Zudem spielen taktische Überlegungen meist noch keine Rolle, weil niemand Zeit hatte, die gesamte Angelegenheit im Hinblick auf eigene Vor- oder Nachteile zu durchdenken oder gar Absprachen zu treffen. In dieser frühen polizeilichen Vernehmung nun hatte Steffen angegeben, dass sie alle gemeinsam den Imbiss verlassen hätten und den Streithähnen auch gemeinsam in die Seitenstraße gefolgt seien. Dort hätten sie beobachtet, dass es zwischen Daniel und dem Angeklagten bald zu einer heftigen körperlichen Auseinandersetzung gekommen sei. Selbstverständlich haben wir den Zeugen mit seiner früheren Aussage konfrontiert und ihn um eine Erklärung gebeten. Daraufhin geriet Steffen zusehends aus der Fassung, und seine weiteren Äußerungen wurden immer konfuser. Schließlich nahmen wir es hin, dass er keine plausible Erklärung für sein geändertes Aussageverhalten hatte. Wir würden es aber zu bewerten haben.

Auch die gerichtliche Aussage des Zeugen Wolfgang wies Widersprüche auf, und zwar sowohl im Hinblick auf ihre Vereinbarkeit mit schon bewiesenen Aspekten der Tat als auch bezüglich ihrer Stimmigkeit. Zur Erinnerung: Wolfgang hatte einerseits behauptet, von der tätlichen Auseinandersetzung zwischen Holger und Daniel nichts mitbekommen zu haben, weil Matthias, Steffen und er ihnen nicht in die Seitenstraße gefolgt seien. Andererseits wollte er aber gesehen haben, wie Holger die Kappe vom Kopf flog. Diese Aussage ließ sich mit der Tatortsituation nicht in Einklang bringen, die uns die Kriminaltechniker anhand von Tatortanalysen veranschaulichten. Demnach war Holgers Kappe 45 Meter von der Kreuzung entfernt auf der linken Gehwegseite der Seitenstraße gefunden worden. Wolfgang konnte sie also nur dann durch die Gegend fliegen gesehen haben, wenn er sich zu diesem Zeitpunkt ebenfalls in der nur punktuell beleuchteten Seitenstraße aufhielt. Deshalb war ich überzeugt, dass er entgegen seiner Aussage hier vor Gericht auch der anschließenden Auseinander-

setzung zwischen Holger und Daniel zumindest bei-
gewohnt hatte.

Zur Überprüfung seiner aktuellen Version sahen wir
uns seine frühere polizeiliche Vernehmung genauer
an. Die hatte in den frühen Morgenstunden des Folg-
etages stattgefunden, also wenige Stunden nach der
Tat, als die Erinnerung noch frisch war. Damals hatte
Wolfgang angegeben, Matthias und er hätten bereits
in das Geschehen eingegriffen, als Holger und Daniel
noch mitten in ihrer Schlägerei waren, in der auch
Daniel kurz zu Boden gegangen sei. Auch dies sprach
wie Steffens Aussage kurz nach der Tat eher dafür, dass
sich Holger von Anfang an gegen die gesamte Gruppe
wehren musste und nicht nur einem bilateralen Streit
mit Daniel ausgesetzt war. Welcher von Wolfgangs Darstellungen konnten wir Glauben schenken: der gegenüber den Polizeibeamten oder der bei uns vor Gericht?
Was bedeuteten die Widersprüche in den Aussagen der
Clique um Daniel für die Bewertung der Tat?

Nach allen Befragungen durch Verteidiger und An-
klagevertretung gelangten wir zu der Einschätzung, dass
die Version des Angeklagten der Wahrheit am nächsten
kam. Im Gegensatz zu den Zeugen hatte er von der ersten bis zur letzten Vernehmung immer denselben Sachverhalt geschildert, insbesondere, dass er von Daniel
angegriffen und geschlagen worden sei, bevor er zum
Messer gegriffen habe. Es ließen sich keinerlei Widersprüche feststellen, nicht einmal hinsichtlich einzelner
Details.

Die sogenannte *äußere Tatseite* stand für uns nach
einer schwierigen Beweisaufnahme fest. Keiner hatte

ernsthafte Zweifel daran, dass der Angeklagte die Messerstiche ausgeteilt hatte. Auch er selbst stellte diesen Sachverhalt nicht in Frage. Doch welche Konsequenzen ergaben sich daraus für die sogenannte *innere Tatseite*? Hatte Holger wirklich die Absicht, Daniel und Matthias zu töten? Und wie verhielt es sich vor diesem Hintergrund mit der Frage der Notwehr, die seine Tat gegebenenfalls – zumindest teilweise – rechtfertigen könnte?

Die Erforschung der inneren Tatseite wendet sich der schwierigen Frage des Vorsatzes zu: Was wusste und wollte der Täter zum Zeitpunkt der Tatausführung? Dass es nicht einfach ist, innere Vorgänge eines Menschen in Erfahrung zu bringen, leuchtet jedem ein, der nicht an die Möglichkeit glaubt, Gedanken anderer Menschen zu lesen. Uns Richtern bleibt also nichts anderes übrig, als vom gesamten äußeren Tatgeschehen, wie es sich uns darstellt, also von den Handlungen des Täters, auf dessen Situation und Motive zu schließen. Hat ein Täter dem Opfer etwa zehnmal in den Kopf geschossen, werden wir ihm kaum glauben, er habe den Tod des Opfers nicht gewollt, er habe es lediglich verletzen wollen. Ein solcher Täter handelt zweifellos mit Tötungsvorsatz.

Wie aber steht es mit dem Vorsatz in unserem Fall? Auf Daniel hatte Holger zehnmal eingestochen, und zwar in Regionen des Körpers, in denen jeder einzelne Stich potentiell lebensgefährlich ist. Der hinzugezogene Rechtsmediziner erläuterte uns, dass Daniel nur deshalb nach der Tat nicht in Lebensgefahr war, weil der Angeklagte lebenswichtige Gefäße nur um wenige Millimeter verfehlt hatte. Ein einziger Stich etwas weiter rechts oder links hätte genügt, um ihn zu töten. Nach meiner festen Überzeugung weiß ein Täter in einem Fall wie unserem auch, dass Messerstiche dieser Art tödlich verlaufen können. Hinzu kam, dass Holger ein Motiv hatte, Daniel lebensgefährlich zu verletzen. Nach den Faustschlägen fürchtete er nicht nur weitere Schläge, sondern hatte garantiert auch mit dem Gefühl der Demütigung zu kämpfen. Angst und Demütigung oder persönliche Kränkung sind gängige Motive für Gewaltverbrechen. So war es letztlich das mehrmalige Zustechen in die oben genannten Regionen des Körpers als Reaktion auf die eingesteckten Schläge, das uns zu dem Ergebnis kommen ließ, dass Holger in Bezug auf Daniel mit Tötungsvorsatz gehandelt hatte.

Anders sieht die Sache indes hinsichtlich der Verletzungshandlungen bei Matthias aus. Das objektive Verletzungsbild lässt nicht ohne weiteres auf den Vorsatz schließen, einen anderen Menschen zu töten. Matthias hatte Holger »nur« zwei Stiche beigebracht, deren Stichkanäle dicht unter der Hautoberfläche verliefen und daher auch nicht potentiell lebensbedrohlich waren. Auch hatten wir es im Hinblick auf dieses Opfer mit einer ganz anderen Motivlage zu tun. Matthias hatte Holger gerade nicht durch vorangegangene Schläge in Wut und Rage versetzt, ihm gegenüber musste Holger keine Wut- und Rachegefühle empfinden. Ihn wollte er nur irgendwie loswerden, um sich endgültig in Sicherheit bringen zu können, was ihm auch schließlich durch die Flucht in den Imbiss gelang. Unter diesen Umständen konnten wir einen Tötungsvorsatz nicht bejahen. Insoweit blieb es hier also bei einem Vorsatz zur Körperverletzung.

Kaum war eine rechtliche Frage entschieden, wartete schon die nächste: Nachdem wir den Tötungsvorsatz festgestellt hatten, mussten wir uns nun damit befassen, ob Holgers Verhalten trotzdem gerechtfertigt war, wenn er nämlich in Notwehr gehandelt hatte. In diesem Stadium des Verfahrens stand für uns fest, dass Holger geschlagen wurde, bevor er mit dem Messer zum Gegenangriff überging. Aus den daraus resultierenden Verletzungen ergab sich nach unserer Einschätzung der Tötungsvorsatz. Da Holger jedoch im Vorfeld geschlagen wurde, konnte die Kammer in diesem Fall nicht zu einem angemessenen Urteil gelangen, ohne auch die Frage der Notwehr ausdrücklich zu beantworten. Wie schon erwähnt, kann nicht jeder beliebige Angriff jedwede Verteidigungshandlung des Angegriffenen legitimieren. Werde ich etwa von jemandem angespuckt, so ist es mit Sicherheit nicht durch Notwehr gerechtfertigt, dem Angreifer dafür eine Kugel in die Brust zu jagen, und zwar auch dann nicht, wenn ich von dem Angreifer eine weitere vergleichbare Sauerei erwarten muss. Eine Tat kann also lediglich dann durch Notwehr gerechtfertigt sein, wenn Angriff und Gegenwehr sich verhältnismäßig die Waage halten. Das aber bedeutet nicht, dass das Notwehrrecht darauf beschränkt wäre, mit gleichen Mitteln zurückzuschlagen. Es muss mir schon erlaubt sein, einen bevorstehenden Angriff wirksam zu unterbinden, was mir – um im Beispiel zu bleiben – mit bloßem Zurückspucken nicht gelingen kann. Und Daniel hatte Holger nicht bloß angespuckt, sondern mit

Faustschlägen traktiert, die dem Geschlagenen schnell zeigten, dass er der körperlich Unterlegene war. Das konnte der hier Angeklagte sehr wohl als Bedrohung erlebt haben, gegen die er sich durchaus auch mit dem Einsatz einer Waffe zur Wehr setzen darf. Insofern wäre ein einzelner Messerstich als Notwehrhandlung gerechtfertigt gewesen. Doch die weiteren neun Messerstiche in Nacken und Rücken, und zwar zu einem Zeitpunkt, da Daniel sich bereits abgewendet und die Flucht ergriffen hatte, waren nicht mehr von dem Willen getragen, sich gegen einen Angriff zu verteidigen. Das lässt sich allein daran feststellen, dass es in diesem Moment gar keinen Angriff mehr gab, gegen den Holger sich weiter hätte zur Wehr setzen müssen. Hier ging es nur noch um die Motive der Rache und Wut, die von den demütigenden Schlägen verursacht worden waren. Deshalb konnte sich die Verteidigung auch nicht erfolgreich auf Notwehr berufen und auf diese Weise Straffreiheit für den Angeklagten erlangen.

Hinsichtlich Vorsatz und Notwehr hatten wir also zuungunsten von Holger Marquardt entschieden. Beide Entscheidungen waren aus der Interpretation des Tatgeschehens hervorgegangen. Bevor wir zu einem Urteil und daran anschließend zu einem Strafmaß kamen, durften wir aber auch die Prüfung der Schuld nicht außer Acht lassen. Hatte der Täter schuldhaft gehandelt? Das hieß vor allem eins: Wir mussten eine Antwort auf die Frage finden, wie es passieren konnte, dass Holger, der nie straffällig geworden war und von allen Angehörigen und Freunden als ausgesprochen friedfertig beschrieben wurde, dermaßen austickte. Wie häufig in unseren Verfahren stellte sich an dieser Stelle also die Frage nach der Zurechnungsfähigkeit des Angeklagten. Wir mussten untersuchen, ob Holger in der Tatsituation in psychischer Hinsicht Herr seiner Sinne war. Wenn nicht, traf ihn keine oder zumindest eine verminderte Schuld. Wäre Holger schuldunfähig, würde er freigesprochen werden. Und eine verminderte Schuldfähigkeit würde sich auf die Höhe des Strafmaßes auswirken. Somit war nun die Stunde des psychiatrischen Sachverständigen gekommen. Gleich zu Beginn wies der Gutachter darauf hin, dass der Angeklagte nicht im Affekt gehandelt haben konnte, weil dazu nach rechtlichen Maßstäben ein langer Vorlauf der Auseinandersetzung gehört hätte. Holger und Daniel kannten sich vor der Tat aber nicht und konnten schon deshalb nicht in einen seit langem anhaltenden Konflikt verstrickt sein. Allerdings erkannte der Sachverständige zahlreiche Anhaltspunkte für das Vorliegen einer sogenannten Impulstat, quasi der Vorstufe einer Affekttat. Wichtigstes Indiz sei die akute Situation, die Holger Marquardt als Mischung aus Provokation, Bedrohung und Demütigung erlebt habe. Zusammen mit der erheblichen Alkoholisierung habe sich diese Gefühlslage einschränkend auf seine Zurechnungsfähigkeit ausgewirkt. Für eine solche Einschätzung sprächen auch der plötzliche und heftige Tatablauf, die Kürze der Tathandlung, der abrupte Beginn und das abrupte Ende der Gewalthandlungen sowie die Planlosigkeit und die fehlende Eigensicherung. Alles zusammen hatte nach Auffassung des psychiatrischen Gutachters die Schuldfähigkeit des Angeklagten zumindest reduziert.

So war es wohl. Vor allem wegen dem, was wir aus den Akten über Holger Marquardt gelesen hatten, fiel es uns nicht schwer, uns dem Vorschlag des Sachverständigen anzuschließen.

Damit blieb nur noch, gegen Holger eine gerechte Strafe zu verhängen. Doch was ist eine gerechte Strafe für einen solchen Straftäter? Eine gerichtlich verhängte Strafe muss grob gesprochen zwei Zwecke erfüllen. Zum einen soll sie helfen, die Gesellschaft vor künftiger Kriminalität zu schützen, verfolgt damit also präventive Zwecke. Zum anderen soll sie aber auch Sühne für das bereits begangene Unrecht sein. Den präventiven Zweck werteten wir in unserem Fall als nahezu bedeutungslos. Angesichts seines Vorlebens und seiner Persönlichkeit war bei dem Angeklagten auch dann nicht zu erwarten, dass er erneut straffällig werden würde, wenn er nur eine geringe (Haft-)Strafe erhielte. Nach menschlichem Ermessen beschränkte sich seine Kriminalität auf ebendiese eine Verfehlung. Es lag keinerlei Gewaltneigung vor, zu dem Gewaltausbruch war es allein durch die sehr spezielle Konstellation gekommen, die sich so wahrscheinlich nicht wiederholen würde. Hinzu kam, dass Holger schon durch den Prozess als solchem und durch die erlittene Untersuchungshaft stark beeindruckt war. Man merkte ihm an jedem Verhandlungstag an, dass er zukünftig sehr gründlich darüber nachdenken würde, ob er in der Nacht noch allein und mit einem Messer in der Hosentasche ein Abschlussbier trinken gehen sollte.

Strafzweck konnte nach meiner Überzeugung also nur der Sühnegedanke sein, was für sich genommen schon zur Folge hatte, dass die zu verhängende Strafe nicht so hoch ausfallen würde. Das Gesetz sieht in der Regel große Spannbreiten für das Strafmaß vor, damit die gerichtliche Entscheidung der Tat und dem Täter gerecht werden kann. Von diesem Ermessensspielraum wollten wir zugunsten Holger Marquardts Gebrauch machen. Immerhin hatten die Tatopfer einen nicht unwesentlichen Beitrag dazu geleistet, dass es überhaupt zur Eskalation kam. Auch wenn die Grenzen der Notwehr überschritten waren, hatten wir es doch mit einer notwehrähnlichen Sachlage zu tun. Das zu bewertende Unrecht war also deutlich geringer, als es bei einer ohne jeden Anlass verübten Tat gewesen wäre. Entsprechend bewerteten wir Holgers Tat als versuchten Totschlag in minder schwerem Fall, wodurch sich der Strafrahmen erneut wesentlich zu seinen Gunsten verschob. Hinzu kam eine weitere Strafmilderung für die von uns herausgearbeitete verminderte Schuldfähigkeit. So verhängten wir am Ende für beide Taten eine verhältnismäßig milde Freiheitsstrafe von drei Jahren.

Obwohl wir mit unserem Urteil am unteren Ende des möglichen Strafmaßes lagen, war Holger nach der Urteilsverkündung sehr geknickt. Ganz offensichtlich hatte er sich Hoffnungen gemacht, nicht noch länger im Gefängnis bleiben zu müssen. Worauf er diese Hoffnung gründete, weiß ich nicht. Vielleicht hatte ihm sein Anwalt die ganze Sache doch zu rosig dargestellt.

Dem Angeklagten eine Haftstrafe vollständig zu ersparen, wäre in meinen Augen unverhältnismäßig gewesen. Man darf nicht vergessen, dass wir immerhin einen versuchten Totschlag, wenn auch im minder schweren

Fall, und eine vollendete gefährliche Körperverletzung abzuurteilen hatten, beides Straftaten, für die das Gesetz hohe Haftstrafen ermöglicht. Allein für das versuchte Tötungsdelikt stand uns ein Strafrahmen von einem bis zu zehn Jahren Freiheitsstrafe zur Verfügung. Und auch eine gefährliche Körperverletzung kann mit bis zu zehn Jahren Gefängnis geahndet werden.

Holger ist noch in Revision gegangen, die der Bundesgerichtshof aber zügig verworfen hat. Wie geht es weiter mit Holger, wann kommt er wieder frei? Ein halbes Jahr hatte er schon vor der Urteilsverkündung in Untersuchungshaft gesessen, diese Zeit wird ihm bei der Vollstreckung der Freiheitsstrafe angerechnet. Da er »Erstverbüßer« ist und unterstellt werden kann, dass er sich in der Haftanstalt gut führen wird, kann er damit rechnen, bereits nach Verbüßung der ersten Hälfte der Haftzeit auf Bewährung entlassen zu werden.

Vaterliebe

Der Fall, über den ich hier jetzt erzählen möchte, ist ein beredtes Beispiel dafür, dass jede kleinste Wei-
chenstellung erhebliche Auswirkungen auf unser Leben
und das der uns Nahestehenden haben kann. Und dass
eine einzige, scheinbar unbedeutende Fehlentscheidung
genügt, um ein ganzes Leben zu zerstören.

Wie so oft bei unseren Angeklagten war auch Jens
Adams als Kind ausgesprochen schwierigen familiären
Verhältnissen ausgesetzt. Seine leiblichen Eltern trenn-
ten sich, als er gerade fünf Jahre alt geworden war. Fortan
wuchs er bei seiner Mutter auf und sah seinen leiblichen
Vater nur noch sporadisch. Ein Vater-Sohn-Verhältnis
konnte sich so gar nicht entwickeln. Einige Jahre nach
der Trennung lernte seine Mutter einen neuen Mann
kennen. Der zog bereits nach kurzer Zeit zu ihnen und
übernahm die Rolle des Stiefvaters. Leider jedoch nur
im negativen Sinne: Er zeigte nicht das geringste Interesse an Jens und behandelte ihn wie einen lästigen Mit-
bewohner. Jens' Stiefvater war schwer drogenabhängig
und ließ jeden Frust an Jens und seiner Mutter aus, meist
mit Gewalt. Der kleine Junge erlebte ihn, insbesondere
im Drogenrausch, als unberechenbaren Menschen, der
nicht für die Familie da war, wenn er gebraucht wurde.

Es ist allgemein bekannt, dass Gewalt häufig wieder Gewalt erzeugt, nicht selten werden misshandelte Kinder später selbst zu schlagenden Eltern. Bei Jens schlug diese frühkindliche Erfahrung genau ins Gegenteil um: Bereits als sehr junger Mensch entwickelte er eine starke Abneigung gegen Gewalt. Er wollte ein friedfertiges Leben führen und, wenn er selbst später einmal Familie hatte, ein guter und fürsorgender Vater sein.

Schon im Alter von achtzehn Jahren lernte Jens Adams im Verlauf einer feuchtfröhlichen Nacht in einer Disco seine spätere Frau kennen. Innerhalb von vier Jahren wurde er Vater von zwei Söhnen, Peter und Thomas, und setzte sein selbstgegebenes Versprechen in die Tat um. Bis zu der von uns zu beurteilenden Tat lebte Jens Adams ein vollständig gewaltloses Leben und war immer für seine Söhne da.

Sowohl Peter als auch Thomas Adams haben wir später als Zeugen vernommen. Nicht nur deshalb, weil sie zu der von uns verhandelten Tat selbst etwas sagen konnten, sondern auch, weil wir mehr über die Persönlichkeit ihres Vaters erfahren wollten. Beide bestätigten uns, dass ihr Vater ein ruhiger und fürsorglicher Mensch sei, der alles für sie tun würde und ihnen vor allem unter keinen Umständen je etwas antäte. Die Söhne liebten ihren Vater, daran konnte kein Zweifel bestehen.

Die junge Familie lebte in einer kleinen beschaulichen Stadt. Nach der Wiedervereinigung wurde die ländliche Idylle bald von der ökonomischen Entwicklung überschattet. Viele verloren ihren Arbeitsplatz, Resignation und Perspektivlosigkeit machten sich bei den Einwohnern breit. Jens Adams hatte das Glück, die

Wende beruflich halbwegs unbeschadet zu überstehen. Zwar verlor auch er zunächst seinen Arbeitsplatz, doch nach zwei Jahren der Arbeitslosigkeit, die nicht nur die finanzielle Situation erschwerte, sondern auch die Beziehung zwischen den Ehepartnern stark belastete, fand er eine neue und vor allem auch gutbezahlte Arbeitsstelle im Westen von Deutschland.

Äußerlich waren damit wieder alle Voraussetzungen für ein glückliches Familienleben gegeben. Doch nicht lange nach ihrem Umzug war die Ehe von Jens Adams und seiner Frau Sabine endgültig gescheitert. Damit war etwas passiert, was in Jens' Lebensentwurf nicht vorgesehen war. Gerade ihn, der er ein intaktes Familienleben in seiner eigenen Kindheit so schmerzhaft vermisst hatte, verletzte die Trennung besonders stark. Er hatte es auch nicht besser hinbekommen als seine Eltern. Zwar ließ er nicht wie damals sein leiblicher Vater die Familie zurück, aber er konnte es auch nicht verhindern, dass die Trennung von seiner Frau mit heftigen und lautstarken Auseinandersetzungen verbunden war. Doch am schwersten zu ertragen war für ihn, dass nur ein Sohn bei ihm blieb und der andere Sohn mit der Mutter mitging. Der mit der Trennung verbundene Ehekrach und die Auflösung der Familie setzten Jens Adams so stark zu, dass er sich psychiatrisch behandeln ließ. Mitten in dieser persönlichen Krise verlor er auch seinen Arbeitsplatz. Sein Leben war aus der Bahn geraten.

Doch erneut kämpfte er gegen die Widrigkeiten an und bewarb sich auf verschiedene Stellen. Dabei ging es ihm zunächst darum, überhaupt wieder irgendeine Arbeit zu haben. Bald fand er eine Beschäftigung bei einem Zeitarbeitsunternehmen. Nach diesem ersten Schritt sah er sich nach einer dauerhaften Anstellung um, die auch mehr zu seinen Fähigkeiten passte. Wenige Monate später stellte ihn ein großer Berliner Industriebetrieb ein, zu dem er wöchentlich pendelte. Jetzt verdiente er sogar genug Geld, um ein altes Haus mit Nebengelassen zu erwerben. Nach und nach setzte er das Anwesen selbst instand und baute es für sich und seine zwei Söhne so aus, dass jeder von ihnen darin sein eigenes Reich hatte.

Die damit verbundene Hoffnung, dass irgendwann beide Kinder bei ihm leben würden, erfüllte sich. Nach der vollzogenen Scheidung kehrte auch der jüngere Sohn zu ihm zurück. Für Jens Adams war die Welt wieder weitgehend in Ordnung. Er lebte mit seinen Söhnen zusammen, und die Dreierfamilie war in der Gemeinde sozial integriert. So konnten sich Peter und Thomas einigermaßen unbeschwert ihren jeweiligen Interessen widmen und er ihnen leichteren Herzens die hierfür notwendigen Freiheiten lassen. Daran änderte sich auch nichts, als Jens Adams nach einigen Jahren erneut seine Arbeitsstelle verlor. Zwar musste er sich fortan mit kleineren Aushilfstätigkeiten auf 400-Euro-Basis über Wasser halten, doch kamen Vater und Söhne auch so zurecht. Große Sprünge konnten sie nicht machen, aber der Zusammenhalt und der gegenseitige Respekt machten ihnen das relativ bescheidene Leben mehr als erträglich, wie alle drei später glaubhaft versicherten.

Da Jens jeden Zusatzverdienst gut gebrauchen konnte, entschloss er sich, die leerstehende Anliegerwohnung zu vermieten. Als seine Wahl auf Daniel Lebert fiel, ahnte er jedoch nicht, dass dies eine mehr als folgenreiche Fehlentscheidung war.

Daniel Lebert war ein junger Trockenbauer, der sich über verschiedene Zeitarbeitsunternehmen von einer Anstellung zur nächsten durchhangelte. Es gelang ihm jedoch nicht, in seiner Heimatregion eine Festanstellung zu finden. Dies brachte es mit sich, dass er über längere Zeiträume arbeitslos war. Insbesondere in diesen Phasen spielte sein Freundeskreis die Hauptrolle in seinem Leben. Wann immer es ging, verbrachte er seine Freizeit mit seinen Kumpeln, manchmal ganze Wochen am Stück, unterbrochen nur von wenigen Stunden Schlaf. Fast schon als Kontrast zu der ländlichen Harmlosigkeit hatte sich schon seit einigen Jahren in dem kleinen Ort eine Rockerbande formiert. Die hatte zwar bei weitem nicht das Gefahrenpotential von Gruppierungen wie den Hell's Angels oder den Bandidos, doch genügte die von ihr ausgehende Bedrohung, dass sich Einwohner auch von weiter entfernt liegenden Ortschaften des gesamten Landkreises eingeschüchtert fühlten. Man ging ihnen besser aus dem Weg. Zu dieser Biker-Gang gehörten auch Daniel Lebert und seine Freunde, auch wenn sie nicht zu den Wortführern zählten. Genauso wie es Hooligans mehr um Gewalt als um Fußball geht, war für diese Leute das Motorradfahren nur eine geeignete Kulisse, um sich an dem Gefühl von Gruppenstärke zu berauschen und Macht auszuüben. Immer wieder zettelten sie Kneipenschlägereien an, zudem beschafften sie sich Geld durch Schutzgelderpressungen. Wenn sie nicht unterwegs waren, trafen sie sich bei einem ihrer

Verbündeten und betranken sich bei lauter Rockmusik. Geistig verbunden fühlten sie sich auch durch eine latente Fremdenfeindlichkeit, die bei passender Gelegenheit durch Übergriffe auf Ausländer zum Ausdruck kam.

Jens Adams kannte den Hintergrund seines neuen Mieters, sah darin aber keinen Grund, ihn von seiner Familie fernzuhalten. Auch sein jüngerer Sohn Thomas fühlte sich tendenziell dem rechten Spektrum zugehörig, war jedoch in der Szene nicht aktiv und überhaupt eher ein Mitläufer. Dessen älterer Bruder hingegen war aktives Mitglied der linken Szene. Jens Adams stufte sich selbst als unpolitischen Menschen ein, gleichzeitig legte er Wert auf Toleranz und wollte seine Kinder nicht bevormunden. So kam es für ihn nicht in Frage, die in der Familie entstandenen Gegensätzlichkeiten zu beeinflussen. Ihm war nur wichtig, dass sich alle Familienmitglieder gegenseitig respektierten und die Auseinandersetzungen im Rahmen blieben. Auf wundersame Weise gelang ihm dies auch, die beiden Brüder hatten trotz der gegensätzlichen Standpunkte ein gutes Verhältnis zueinander, die Streitereien gingen nie über das Maß hinaus, wie es zwischen zwei Jugendlichen in der Pubertät normal ist.

Allerdings ließen die ersten Auseinandersetzungen mit dem neuen Mieter nicht lange auf sich warten. Daniel Lebert konnte es nicht lassen, sich sowohl auf Jens' Grundstück als auch in der Nachbarschaft als »starker Mann« aufzuspielen. Wo er nur die Gelegenheit dazu fand, provozierte er die »Spießer« und drohte ihnen. Zu Recht sah Jens Adams durch diese Verhaltensweise den

Frieden auf seinem Grundstück gefährdet, denn ihm war bewusst, dass dies zumindest von seinem älteren Sohn, aber auch von den Nachbarn nicht lange toleriert werden würde. Also stellte er seinen Mieter zur Rede und verdeutlichte ihm die Spielregeln, nach denen das Zusammenleben auf seinem Grundstück funktionierte. Es könne jeder machen, was er wolle, aber bitte nur innerhalb der eigenen vier Wände und auch nur so, dass andere nicht belästigt werden. Daniel Lebert gab sich zwar verständig, doch diese Verabredung hatte nicht lange Bestand. In Abwesenheit seines Vermieters fiel Lebert immer wieder in alte Verhaltensweisen zurück und terrorisierte die Menschen in der Nachbarschaft. Als Jens Adams davon erfuhr, kündigte er das Mietverhältnis auf. Aber Lebert zögerte seinen Auszug immer wieder hinaus, bis Jens Adams schließlich nicht mehr auf den Vollzug der Kündigung bestand.

Es war nicht nur sein penetrantes Verhalten, mit dem der Untermieter den Familienfrieden störte. Immer häufiger lud er seine Rockerfreunde zu sich nach Hause ein. Zu einem der besten Freunde von Lebert zählte Rico Reinhardt, ein Mitglied der Rockerbande, das keinen Hehl aus seinem Hang zu nazistischem Gedankengut machte. Reinhardt hangelte sich von Aushilfsjob zu Aushilfsjob, während er bei seiner Lebensgefährtin Susanne wohnte. Zeit hatte er im Überfluss und verbrachte sie immer häufiger bei seinem Kumpel Lebert, wo sie – in den Sommermonaten – auch Grillabende und Trinkgelage außerhalb der Wohnung veranstalteten. Thomas Adams fühlte sich zu der Gruppe um Rico und Daniel hingezogen, er wollte dazugehören und nahm deshalb immer wieder an diesen Veranstaltungen teil. Während Lebert mit ihm gelegentlich seine Freizeit verbrachte, sah Rico Reinhardt den »Kleinen« von Anfang an nicht als zukünftigen Biker, sondern als Weichei und ließ keine Gelegenheit aus, ihn das spüren zu lassen.

Auch Jens Adams machte bald seine Erfahrungen mit Reinhardt. Der hielt sich mal wieder auf seinem Grundstück auf, als Jens einen behinderten Freund zu Besuch hatte. Über den redete Rico fortan als »Krüppel«, auch ihm gegenüber. Jens Adams konnte es nicht fassen, wie abfällig dieser Mann über seinen Freund sprach. Nur kurze Zeit später erhielt er eine weitere Kostprobe davon, in welchen Kategorien Rico Reinhardt dachte. In Anspielung auf seinen der linken Szene zugehörigen Sohn verhöhnte er ihn als »Punkvater«. Spätestens jetzt wusste er, welchen Stellenwert seine Familie bei Leberts Freund besaß. Anders als er selbst es seinen Kindern beigebracht hatte, fehlte Rico jegliche Toleranz, um anderen Menschen vorurteilsfrei zu begegnen. Allmählich dämmerte Jens Adams, dass von Rico Reinhardt eine Gefahr vor allem für seine Kinder ausging.

Der berühmte Tropfen, der schließlich das Fass zum Überlaufen brachte, war ein Ereignis, bei dem Jens Adams gar nicht dabei war. Wieder war Rico Reinhardt unter den Freunden, die sich in Leberts Wohnung trafen, diesmal aber in Begleitung seiner jüngeren Schwester. Die Männer hatten schon reichlich dem Alkohol zugesprochen, als Rico und seine Schwester wegen einer Belanglosigkeit in Streit gerieten. Der eskalierte dann so weit, dass Rico die junge Frau zusammenschlug. Ihre Verletzungen mussten ärztlich versorgt werden, so dass sich diese Geschichte nicht geheim halten ließ. Sowohl Notarztwagen als auch Polizei fuhren auf dem Grundstück vor. Als Jens Adams von seinen Söhnen erfuhr, dass Rico Reinhardt auf seinem Anwesen gewalttätig geworden und seinetwegen die Polizei erschienen war, ging er noch am selben Tag in Leberts Wohnung, wo er dessen Freund seines Grundstücks verwies und ihm untersagte, es je wieder zu betreten. Rico Reinhardt hatte endgültig unter Beweis gestellt, dass er jederzeit gewaltbereit war, und zwar jedermann gegenüber. Wer in der Lage war, selbst ihm nahestehende Menschen blutig zu schlagen, so dachte Jens Adams, der würde auch vor Peter und Thomas nicht haltmachen.

Tatsächlich ließ sich Rico Reinhardt in den darauffolgenden Wochen nicht blicken. Jens Adams hinterfragte diesen Umstand nicht weiter, er war nur froh, dass er den brutalen Freund seines Mieters anscheinend erfolgreich von seinem Grundstück verbannt hatte. In Wirklichkeit hatte dessen Abwesenheit jedoch nichts mit dem Hausverbot zu tun, sondern damit, dass Daniel Lebert Gerüchten zufolge Ricos Schwester geschwängert und zu einer Abtreibung gezwungen haben sollte. Daraufhin hatte Rico ihre Freundschaft aufgekündigt, ohne auch nur zu überprüfen, ob das, was mehrere seiner Kumpel behaupteten, überhaupt der Wahrheit entsprach.

Auch in der Hauptverhandlung ließ sich nicht zweifelsfrei klären, ob Daniel Lebert tatsächlich eine Affäre mit Reinhardts Schwester hatte. Auffällig war allerdings, dass sich Lebert entgegen aller Erwartungen nicht darum bemühte, diesen »Verdacht« vor Gericht auszuräumen. Wie auch immer der Wahrheitsgehalt des Gerüchts war,

Rico Reinhardt wurde über mehrere Wochen nicht auf dem Grundstück gesehen. In dieser Zeit verbrachte Thomas seine Freizeit häufig in der Wohnung von Daniel Lebert, wo sie sich überwiegend mit Computerspielen beschäftigten. Sie waren sicherlich keine richtigen Freunde geworden, aber da Daniel ohne seinen Kumpel Rico auskommen musste, reichte das gemeinsame Interesse an Spielen wie Counter Strike aus, um ganze Nachmittage und Abende mit dem deutlich jüngeren Sohn des Vermieters zu verbringen. Festzuhalten bleibt, dass es in dieser Phase zu keinerlei Auseinandersetzungen zwischen Jens Adams und der Clique um Daniel Lebert kam.

Doch bei dieser Ruhe blieb es nicht. Der Tag, an dem Jens Adams alles, was er sich bis dahin aufgebaut hatte, verlieren sollte und nach dem nichts mehr so sein würde wie vorher, war ein klirrend kalter Februartag. Der Tag begann damit, dass sein älterer Sohn seine Gesellenprüfung hatte. Als Peter nach Hause kam, sah sein Vater ihm sofort an, dass er durchgefallen war. Um ihn aufzumuntern, schlug er vor, DVDs auszuleihen und gemeinsam mit Freunden in ihrem Partyraum einen Kinoabend zu veranstalten, das würde ihn bestimmt auf andere Gedanken bringen. Peter war sofort einverstanden, und so fuhren sie gemeinsam zur Videothek. Am Abend verabschiedete sich Peter aber schon nach dem ersten Film von den anderen, um ins Bett zu gehen. Der Tag war sehr anstrengend für ihn gewesen, und er wollte am nächsten Morgen früh aufstehen. Jens Adams und die übrigen Freunde waren nicht müde und legten noch einen zweiten Film in den DVD-Player ein. Es hätte eigentlich ein schöner und ruhiger Abend werden können, nichts sprach dafür, dass eine Katastrophe bevorstand.

Die bahnte sich in einer anderen Wohnung auf Jens Adams' Grundstück an, in der von Daniel Lebert, und ausgerechnet Thomas Adams spielte dabei eine entscheidende Rolle.

Während bei seinem Vermieter der Kinoabend in Gang war, hörte Daniel plötzlich die Klingel. Er war erstaunt, als er seine Wohnungstür öffnete und seinen ehemaligen besten Freund erblickte. Schon längere Zeit hatte er immer wieder mit dem Gedanken gespielt, Rico anzurufen, um sich mit ihm zu versöhnen. Doch wie er uns später bei seiner Vernehmung sagte, konnte er sich einfach nicht durchringen, den ersten Schritt zu tun.

Rico war es umgekehrt genauso gegangen. Doch an diesem Morgen hatte er beschlossen, nicht mehr länger still vor sich hin zu leiden, sondern abends zu Daniel zu gehen. Im Laufe des Tages waren zwei Freunde bei ihm vorbeigekommen, und so genehmigten sie sich zusammen einige Biere und brachen dann zu dritt zu Leberts Wohnung auf.

Daniel wusste erst gar nicht recht, was er von der Situation halten sollte. Niemals hätte er gedacht, dass der »harte« Rico nachgeben und als Erster auf ihn zugehen würde. Daniel bat seine Gäste herein, und sie alle gesellten sich zu Thomas, der wie so oft in letzter Zeit schon seit Stunden zum Computerspielen da war.

Rico und Daniel kamen noch kurz auf die Ursache ihres Streits zu sprechen, entschieden sich jedoch schnell, die Angelegenheit nicht zu vertiefen, um keine alten Wunden aufzureißen. Sie wollten die Vergangenheit Vergangenheit sein lassen und künftig wieder Freunde sein. Darauf stießen sie mit einem Bier an. In diesem friedlichen Moment mischte sich plötzlich Thomas ein. Gerade als sich alle entspannen wollten, goss er nun Öl ins Feuer, immer wieder bohrte er nach, was denn nun dran sei an den Gerüchten, ob Daniel denn nun wirklich mit Ricos Schwester »rumgemacht« hätte. Nun war er es, der den Streit fortsetzte, auch wenn keiner der anderen Anwesenden ein Interesse daran hatte.

Dies konnte nicht lange gutgehen. Rico war ohnehin nicht jemand, mit dem man sich sachlich auseinandersetzen konnte, und schon gar nicht dann, wenn es um seine Ehre ging. Innerhalb kürzester Zeit brachten Thomas' Provokationen Rico so auf die Palme, dass er sich mit Gewalt zur Wehr setzte. Außer sich vor Wut packte er den Jungen am Kinn und umschloss dann mit festem Griff seine Kehle. Zwar verletzte er Thomas dabei nicht ernsthaft, offensichtlich jagte er ihm dadurch aber einen solchen Schrecken ein, dass der die Flucht ergreifen wollte. Als Rico ihn für einen Moment losließ, sprang er auf und wollte zur Tür hinaus. Doch Rico und seine Freunde verstellten ihm den Weg. Thomas Adams hatte Angst, dass sie ihn verprügeln wollten. Als sein Blick auf das offenstehende Fenster der Erdgeschosswohnung fiel, erkannte er seine Chance, rannte auf das Fenster zu und konnte die Wohnung tatsächlich verlassen, bevor Rico und seine Freunde ihn zu fassen bekamen. Draußen angekommen, lief er sofort in die heimische

Wohnung, um bei seinem Vater und den anderen Film-guckern Schutz zu suchen.

Außer Atem und verängstigt kam er in den Raum ge-stürzt und fing sofort an zu erzählen, dass Rico wieder da sei und er ihn gerade gewürgt und geschlagen habe. In diesem Moment, man muss es so deutlich sagen, brannten bei Jens Adams alle Sicherungen durch. Statt dafür zu sorgen, dass sich sein Sohn erst einmal beruhig-te, und sich selbst zu überlegen, was zu tun war, stand er augenblicklich aus seinem Sessel auf und stürzte wie von Sinnen nach draußen.

In der Hauptverhandlung sind wir ausführlich der Frage nachgegangen, ob Jens Adams seine noch zu schildern-de Tat womöglich in einem sogenannten Affekt began-gen hatte. Falls ja, wäre er unter Umständen nur einge-schränkt schuldfähig oder gar schuldunfähig. Deshalb haben wir zur Klärung der Schuldfrage im Vorfeld der Verhandlung sowohl ein psychologisches als auch ein psychiatrisches Gutachten eingeholt.

Voraussetzung für das Vorliegen einer Affekttat ist zunächst ein nachweisbarer Konflikt, der sich im Vor-feld über einen längeren Zeitraum aufgebaut hat und in dem es zu immer wiederkehrenden Provokationen und Demütigungen des späteren Opfers kam. Die Psychiater sprechen in einem solchen Fall von einer »bedeutsamen Täter-Opfer-Beziehung«. Bildlich gesprochen lässt sich eine Tat nur dann als Affekttat werten, wenn sich beim Täter über Wochen und Monate heftige Gefühle an-gestaut und in ihm einen immer größeren psychischen Druck erzeugt haben. Schließlich muss sich dann etwas ereignet haben, das zu einer plötzlichen und unkontrollierten Entladung der angestauten Gefühle geführt hat und in der zu verhandelnden Tat gemündet ist. Das Tatgeschehen muss sich aus einer intensiven emotionalen Dynamik ergeben haben, nur dann ist es nach psychiatrischem Standpunkt eine Affekttat.

Wir Richter hatten als psychiatrische Laien den Eindruck, dass eine solche Konstellation im Fall Jens Adams durchaus gegeben sein könnte. Hatten wir denn vor der Tat nicht einen längeren Konflikt zwischen Jens und Rico? Lag nicht ein erhebliches Maß an emotionaler Dynamik vor, als Thomas verängstigt in den Filmabend platzte und sofort vor versammelter Mannschaft erzählte, dass ausgerechnet Rico Reinhardt ihn gewürgt und geschlagen hatte? Gleichzeitig war uns von Anfang an bewusst, dass eine echte Affekttat ausgesprochen selten vorkommt, dass hierfür schon eine sehr starke Erschütterung der psychischen Stabilität des Täters notwendig ist.

Die gesamte Zeit über, in der wir über Jens Adams' Tat verhandelten, waren sowohl ein Psychiater als auch ein Psychologe anwesend. Sie hörten aufmerksam zu, stellten Fragen und verschafften sich so einen Eindruck vom Tatablauf und von der Persönlichkeit des Angeklagten. Hinzu kam, dass beide im Vorfeld der Hauptverhandlung ein mehrstündiges Gespräch mit Jens Adams geführt, ihn also gründlich »exploriert« hatten. Was kam als Ergebnis heraus, als wir am Ende der Hauptverhandlung ihre Gutachten entgegennahmen? Psychiater und Psychologe waren sich einig: Jens hatte die Tat nicht im Affekt begangen. Die für einen Affekt erforderlichen

Voraussetzungen, so die Experten, seien nicht in ausreichendem Maß gegeben gewesen. Zwar habe es zwischen Täter und Opfer einen Konflikt gegeben. Dieser sei aber bei weitem nicht intensiv genug gewesen, als dass er das Selbstbild des Täters erschüttert und ihn so massiv in seiner Persönlichkeit geschwächt haben konnte. Auch die emotionale Dynamik im unmittelbaren Vorfeld des Tatgeschehens habe für einen Affekt nicht ausgereicht. Allerdings, und dies war eine uns bis dahin unbekannte Diagnose, lag bei Jens Adams laut psychiatrischem Gutachten zum Zeitpunkt der Tat aller Wahrscheinlichkeit nach eine akute Belastungsreaktion mittleren Schweregrades vor. Zur Erklärung führten die Sachverständigen aus, dass die Reaktion von Jens vor dem Hintergrund seiner Biographie gesehen werden müsse, vor allem der Gewalterfahrungen in seiner Kindheit und Jugend, die seine Persönlichkeit stark geprägt hätten. Sein vordringlichstes Ziel sei es deshalb gewesen, seine Kinder vor jeglicher Gewalt zu schützen. In dem Moment, als Jens Adams sich vorstellte, wie sein Sohn Thomas hilflos der Gewalttätigkeit von Rico Reinhardt ausgeliefert gewesen war, hätten sich die über lange Zeit unterdrückten Aggressionen Bahn gebrochen. Indizien für eine solche akute Belastungsreaktion seien die von Jens nach der Tat beschriebenen Erinnerungslücken, seine allein auf das Vorgehen gegen Rico Reinhardt verengte Aufmerksamkeit, die ungebremste Aggressivität, die impulsive Tathandlung sowie das hyperaktive Nachtatverhalten.

Eine akute Belastungsreaktion ist eine vorübergehende Störung, die sich als Reaktion auf außergewöhnliche körperliche oder psychische Ausnahmesituationen entwickelt und innerhalb von Stunden oder Tagen abklingt. Ursache ist häufig eine ungewöhnliche plötzliche oder bedrohliche Veränderung der Sozialstellung oder des Beziehungsnetzes. Eine solche Belastungsreaktion ist aber kein Affekt und daher auch kein Indiz für eine Minderung der Schuldfähigkeit.

Nach langer und intensiver Diskussion schlossen wir uns den überzeugenden Ausführungen der Sachverständigen an. Jens Adams konnte also in dem von uns zu verhängenden Strafmaß nicht mit einer Ermäßigung der Strafe rechnen, dafür, so hatten wir den Ausführungen von Psychiater und Psychologe entnommen, war seine psychische Drucksituation nicht dramatisch genug gewesen.

Nun zum eigentlichen Tatgeschehen. Nachdem Jens Adams von den Ereignissen in Daniel Leberts Wohnung gehört hatte und zur Tür hinausgestürzt war, kümmerten sich die anderen sofort um den verstört wirkenden Thomas. Dessen Vater lief unterdessen auf dem kürzesten Wege zur Wohnung von Daniel Lebert. Unterwegs sah er im Nachbargarten eine Eisenstange herumliegen. Er hob sie auf, stürmte damit durch die offenstehende Wohnungstür und dann direkt zu dem Zimmer, aus dem die Stimmen von Daniel und seinen Freunden drangen. Rico saß in diesem Moment auf einem Ledersofa, und zwar mit dem Rücken zur etwa zwei Meter entfernten Zimmertür. Nur sein Kopf ragte über die Lehne. Weder er noch sonst jemand im Raum bemerkte, dass Jens Adams die Wohnung betreten hatte. Ohne Vorwarnung kam dieser mit der Eisenstange in

162

der Hand ins Zimmer gestürmt, und noch bevor jemand überhaupt reagieren konnte, hatte er Rico die Stange mit voller Wucht auf den Kopf geschlagen. Ricos Körper kippte nach vorne, fiel zunächst gegen einen Sessel und blieb schließlich regungslos am Boden liegen. Die einzigen Lebenszeichen, die Rico Reinhardt noch von sich gab, waren Röchelgeräusche, doch auch die verstummten bald. Zudem blutete Rico seit dem Schlag aus der Nase. Röcheln und Nasenbluten waren Anzeichen für ein schweres Schädel-Hirn-Trauma, das der Rechtsmediziner später zweifelsfrei feststellte. Nachdem Rico Reinhardt schon zu Boden gesunken war, trat Jens Adams auf seinen Unterleib ein und schrie: »Niemand schlägt und würgt meinen Sohn!«

Alle anderen im Raum wurden von Panik ergriffen und waren gleichzeitig wie gelähmt von dem, was sie mit angesehen hatten. Einer der beiden Freunde von Rico befreite sich als Erster aus der Erstarrung und rief per Mobiltelefon den Notarzt. Der erschien auch sehr bald am Tatort und leitete sofort Erste-Hilfe-Maßnahmen ein. Dennoch kam Rico Reinhardt nicht mehr lebend im Krankenhaus an, er starb unterwegs an den Folgen seiner Kopfverletzung.

Jens Adams hatte in der Zwischenzeit die Wohnung von Daniel Lebert verlassen, die Stange wieder in den Garten seiner Nachbarn gelegt und war zu Thomas und den anderen zurückgekehrt. Auch hier in diesem Raum herrschte eine bedrückende Atmosphäre. Allen war klar, dass sich etwas ereignet hatte, das ihr aller Leben verändern würde, auch wenn niemand eine genauere Vorstellung davon hatte, wie.

Schon am Tatort wurde Jens von der Polizei zum ersten Mal vernommen. Dort und in jeder weiteren Vernehmung gab er an, dass er sich an das Kerngeschehen selbst, also an die eigentliche Tat, nicht mehr erinnern könne. Er wisse nur noch, dass sein Sohn ins Zimmer gestürmt sei und ihm erzählt habe, Rico hätte ihn gewürgt und geschlagen. Danach setze seine Erinnerung erst wieder ein, als Rico schon am Boden gelegen habe. Der Zeitraum dazwischen fehle vollständig.

Nun kommt es ja öfter vor, dass ein Straftäter Erinnerungslücken vortäuscht. Bei Jens Adams lag der Fall aber anders. Denn er ließ von Anfang an keinen Zweifel daran, dass auch seiner Auffassung nach nur er es gewesen sein kann, der auf Rico eingeschlagen hatte. Er sah sich nur nicht imstande, den Tatablauf näher zu schildern und zu erklären. Das war für die Ermittlungen und später für uns Richter aber auch nicht wichtig, denn die drei Augenzeugen stellten das Geschehen übereinstimmend und glaubwürdig dar. Zusammen mit dem, was Jens Adams selbst, seine Kinder und die zur Tatzeit anwesenden Freunde aussagen konnten, erhielten wir ein ausreichend detailliertes Bild davon, was sich wie abgespielt hatte. Darüber hinaus konnten die Rechtsmediziner das schwere Schädel- und Hirntrauma als Todesursache bestimmen. Rico Reinhardt habe keine Chance gehabt zu überleben, der teilweise gebrochene Schädelknochen sei ein deutliches Zeichen, dass der Schlag mit großer Wucht ausgeführt worden war.

Dass Jens Adams sich im strafrechtlichen Sinne schuldig gemacht hatte, stand relativ schnell fest und wurde von ihm selbst auch nicht in Zweifel gezogen. Unser größtes Problem bestand darin, für einen Mann, der bis dahin ein völlig unbescholtenes Leben geführt hatte und trotz der frühen Gewalterfahrungen ein fürsorglicher Vater gewesen war, eine gerechte Strafe zu finden. Letztlich war es ein einziger Moment, in dem der Angeklagte die Kontrolle über sich verloren hatte, und das ist menschlich durchaus nachvollziehbar. Zu bedenken hatten wir auch, dass diese Familie ohnehin nie wieder ihr gewohntes Leben weiterführen können würde. Egal wie lang die Haftstrafe von Jens Adams ausfiele, das Haus, in dem er mit seinen Kindern bis zur Tat gelebt hatte, war nicht mehr zu halten. Die Kinder haben inzwischen ihre Heimatstadt verlassen und leben an einem unbekannten Ort, weil die begründete Besorgnis bestand, dass Angehörige der Rockerszene sich an ihnen rächen könnten. Jens Adams großer Traum von einem harmonischen Familienleben war endgültig geplatzt – für ihn sicher die spürbarste Strafe. Daher war nicht nur der Verteidigung, sondern auch der gesamten Richterbank und dem Vertreter der Staatsanwaltschaft daran gelegen, angesichts dieser Gesamtumstände eine Strafe am unteren Rand des für einen Totschlag eigentlich Möglichen zu finden.

Das Gesetz sieht für einen Totschlag einen Strafrahmen von nicht unter fünf Jahren bis zu fünfzehn Jahren Freiheitsstrafe vor, für minder schwere Fälle verschiebt sich der Strafrahmen auf ein bis zehn Jahre. Die Voraussetzungen für einen minder schweren Fall von Totschlag sahen wir dadurch als gegeben an, dass Jens Adams sich eine Misshandlung seines Sohnes vorgestellt hatte, die in Wirklichkeit weit weniger heftig ausgefallen war. Allerdings haben wir auch zu seinen Lasten berücksichtigt, dass er es in der Hand gehabt hätte, die Tat zu verhindern, wenn er auf dem Weg in die Wohnung seines Mieters auch nur einen Moment innegehalten hätte. Nach Abwägung all dieser Umstände verhängten wir gegen Jens Adams eine Freiheitsstrafe von sechs Jahren. Dieses Urteil wurde einige Monate später rechtskräftig.

Der Trinker

Mit dem nächsten Fall verbinden sich die Lebensgeschichten zweier Menschen, die sich auf nicht alltägliche Weise um das berühmte Thema von »Aufstieg und Fall« drehen. Die beiden Geschichten sind eng miteinander verwoben, was an sich in einer Ehe eher typisch als ungewöhnlich ist. Langjährige und über weite Strecken intensive Partnerschaften bringen es mit sich, dass der Lebensentwurf des einen ohne den des anderen nicht zu denken ist, weil beide Partner wechselseitig Einfluss auf ihre Entwicklung nehmen. Nicht alltäglich ist in diesem Fall, dass ihre und seine Entwicklung diametral zueinander verlaufen sind. Und dass dieser Umstand eine zentrale Rolle für die Beurteilung der Tat spielte. Zugleich erzählt der Fall aber auch eine typische Nachwendegeschichte: eine Frau und ein Mann zwischen sich bietenden Chancen auf der einen und Entwurzelung und Verlust auf der anderen Seite.

Das Ehepaar Jochen und Vera Friedemann lebte zum Zeitpunkt der Gerichtsverhandlung bereits in Scheidung. Dabei hatte alles so vielversprechend angefangen. Jochen, vorher bereits ein guter Schüler, fand schnell einen Ausbildungsplatz als Elektroanlagenmonteur im

167

Chemiekombinat Bitterfeld, wo er drei Jahre später nach erfolgreichem Berufsschulabschluss sofort übernommen wurde. Bereits Anfang der Achtziger lernte er auf einer Hochzeitsfeier Vera kennen, und beide spürten, dass daraus mehr werden würde als nur eine Partybekanntschaft. Schon ein Jahr später heirateten sie, zwei Jahre später wurde ihr Sohn Lars geboren. Sie führten eine harmonische Ehe, in der sie sich vorrangig um das Kind kümmerte und Jochen sich in der Firma hocharbeitete. In seiner Freizeit spielte er überwiegend Fußball und gelangte damit sogar zu regionaler Anerkennung. Keiner, der damals das Leben dieses Paares von außen beobachtete, wäre auf die Idee gekommen, dass diese Ehe einige Jahre später unter katastrophalen Umständen enden würde.

Der erste Einschnitt ereignete sich im Wendejahr 1989/1990. Wie viele ostdeutsche Unternehmen wurde auch das Chemiekombinat Bitterfeld durch die Treuhandanstalt privatisiert. Die Produkte, die Jochens Betrieb herstellte, konnten sich auf dem freien Markt nicht durchsetzen, nach einem Versuch, den Betrieb mit Kurzarbeit zu retten, folgte bald das Aus, und Jochen verlor endgültig seinen Arbeitsplatz. Doch noch war der erfolgsverwöhnte Mann davon überzeugt, dass er die Situation schon meistern würde, wenn er sich nur der neuen Lage anpasste und sich flexibel zeigte. Mit bewundernswertem Elan schulte er erfolgreich zum Installateur um. Dadurch, so dachte er, würde er schon wieder Arbeit finden. Doch weit gefehlt. Heute wissen wir, dass insbesondere zu Beginn der 90er Jahre so viele ostdeutsche Unternehmen abgewickelt wurden, dass in den Regionen Tausende von Arbeitsplätzen ersatzlos entfielen. Damals aber hatten die Menschen noch Hoffnungen, dass der ihnen suggerierte Wohlstand aus dem westlichen Teil Deutschlands auch sie bald erreichen würde. Auch Jochen hoffte immer wieder aufs Neue, wenn er eine, wenn auch unterbezahlte Beschäftigung fand. Doch dieser Zustand hielt nie lange an, und Jochen war wieder über Monate arbeitslos. Es war ein ständiges Auf und Ab, ein Wechselbad der Gefühle.

Schließlich fand er doch eine feste Anstellung, allerdings nicht in seiner Heimatstadt oder deren näheren Umgebung, sondern in Stuttgart. Jahrelang beschränkte sich fortan das Familienleben auf die Wochenenden, was der Ehe von Jochen und Vera nicht gerade guttat. Sie waren es einfach nicht gewohnt, sich nur am Wochenende zu sehen und die übrige Zeit nur gelegentlich zu telefonieren. In dieser Zeit lebten sie sich mehr und mehr auseinander. Vorbei war es darüber hinaus auch mit Jochens leidenschaftlich betriebenem Hobby. Die wenige Zeit, die er für sich und seine Familie noch zur Verfügung hatte, konnte und wollte er nicht mit Fußball »verplempern«.

Diese Situation ging im Laufe der Jahre immer stärker an seine Substanz, eine denkbar schlechte Ausgangslage, um einen weiteren Schicksalsschlag zu verkraften: Eines Abends erfuhr er durch einen Anruf, dass sein Vater gestorben war. Bis zuletzt hatte Jochen zu ihm ein sehr enges und liebevolles Verhältnis gehabt und wurde nun mit dem Verlust nicht fertig. Nachdem ihn schon die Notwendigkeit, Geld zu verdienen, zwangsweise von seiner Familie fernhielt, war ihm plötzlich ein geliebter

Mensch endgültig genommen worden. In dieser Phase seines Lebens hatte Jochen keine geeigneten Mittel, mit der doppelten Entwurzelung umzugehen. Für seine Außenwelt wurde er zu einem anderen Menschen, sein ganzes Wesen schien sich zu verändern. Deutlichstes Zeichen dafür war seine neue Neigung zum Alkohol. Abstinent war er nie gewesen, aber jetzt trank er täglich große Mengen und versuchte immer wieder, seinen Kummer über den Tod des Vaters und die Isolation von Frau und Kind im Suff zu ertränken. Verwandte, Freunde und vor allem seine Frau machten sich zwar Sorgen um ihn, glaubten zu diesem Zeitpunkt aber noch, dass dies Jochens Art der Trauerbewältigung war und die Probleme sich schon von selbst lösen würden. Dieser Optimismus war damals durchaus nicht unbegründet, denn noch hatte Jochen sein Leben im Griff. Wie eh und je erfüllte er seine Aufgaben zuverlässig und pflichtbewusst. Wie gut es auf den ersten Blick noch um ihn und die Ehe stand, verrät der Umstand, dass er noch drei Jahre nach dem Tod seines Vaters mehr oder weniger in Eigenregie ein altes Bauernhaus für die Familie renovierte. Doch der Schein trog. Denn in Wirklichkeit glitt er immer weiter in den Alkoholismus ab, und zwar so rasant, dass er sich schon wenige Jahre später einer ersten Entgiftung unterziehen musste, der in den kommenden Jahren noch einige weitere folgen sollten.

Vor diesem Hintergrund war es nur eine Frage der Zeit, wann Jochen wegen Trunkenheit im Verkehr erwischt werden würde. Als es dazu kam, wurde er zu einer Geldstrafe verurteilt, zudem entzog man ihm, der er doch zum Pendeln so sehr auf sein Auto angewiesen war, den Führerschein. Da jedoch die vom Gericht verhängte Führerscheinsperre nicht besonders lang ausfiel, gelang es ihm, diese Zeit mit Bahnfahrten zu überbrücken. Doch sozial ging es für ihn weiter bergab, immer mehr Menschen mieden wegen seiner Trinkerei den Kontakt zu ihm. Zwei Jahre später verursachte Jochen dann im betrunkenen Zustand einen Verkehrsunfall. Diesmal erlegte ihm das Gericht – neben einer hohen Geldstrafe – eine verhältnismäßig lange Führerscheinsperre auf. Jetzt war auch Jochen klar, dass er seinen Führerschein so schnell nicht wiederbekommen würde, denn dafür müsste er nun die Medizinisch-Psychologische-Untersuchung, den sogenannten »Idiotentest«, bestehen. Als Alkoholiker hatte er dazu allerdings keine Chance. Zudem musste er als Unfallverursacher die Kosten von 15 000 Euro aus eigener Tasche zahlen. Kurze Zeit danach verlor er auch noch seinen Arbeitsplatz in Stuttgart, der ihn bis dahin vor dem freien Fall bewahrt hatte. Jochen war ganz unten angekommen, er hatte sich ruiniert und auch seine Familie in finanzielle Schwierigkeiten gebracht.

Während es mit Jochen immer weiter bergab gegangen war, hatte Vera sich genau in die entgegengesetzte Richtung entwickelt. Sie hatte einst als Telefonistin bei einer großen Behörde begonnen. Ihrem Arbeitgeber fiel sie sehr schnell durch ihren Ehrgeiz und ihren unermüdlichen Einsatz auf, er erkannte förderungswürdiges Potential und ermöglichte ihr ein berufsbegleitendes Studium. Sie zeigte sich auch der Doppelbelastung gewachsen und erlangte schließlich sogar die Position einer leitenden Angestellten. Während es bislang Jochen gewesen war, der das »große Geld« nach Hause brachte, war es nun sie, die ihre Familie ernährte. Das verhinderte zwar den finanziellen Bankrott, doch hatte sich ein massives Ungleichgewicht in diese Ehe eingeschlichen. Während er einen nicht enden wollenden sozialen Abstieg erlebte, erschloss sie sich neue gesellschaftliche Sphären. Es gab nicht mehr viel, was sie noch verband, und dennoch ließ Vera ihren Mann über Jahre hinweg nicht fallen. Immer wieder unterstützte sie ihn bei seinen letztlich erfolglosen Versuchen, endlich vom Alkohol loszukommen, und hielt ihm auch in diesen schweren Zeiten lange die Treue.

Der durch Trunkenheit am Steuer verursachte Unfall und dessen Folgen hatten sie jedoch davon überzeugt, dass es so nicht weitergehen konnte. Unmissverständlich machte sie ihm klar, dass sie ihn verlassen würde, wenn er nicht endgültig mit dem Trinken aufhörte. Jochen begriff den Ernst der Lage nicht und antwortete ihr: »Was bleibt mir dann noch vom Leben, wenn ich keinen Alkohol mehr trinken darf?« In diesem Moment erkannte Vera, wie aussichtslos ihre Bemühungen um Jochen mittlerweile geworden waren. Deshalb fasste sie den Entschluss, sich von ihrem Mann zumindest insoweit zu trennen, dass sie vorübergehend zu Freunden zog. Zur Wahrheit gehört auch, dass es für diese Trennung inzwischen einen weiteren Grund gab. Vera hatte einen Mann kennengelernt, der besser zu ihrem Leben passte und zu dem sie sich hingezogen fühlte. Schon bald war sie so weit, dass sie einen kompletten Schlussstrich unter ihre Ehe ziehen und ein neues Leben beginnen wollte, dazu gehörte für sie zuallererst, sich konsequent und uneingeschränkt auf ihre neue Beziehung einzulassen. Erst jetzt wurde Jochen bewusst, dass es nicht mehr lange dauern würde, bis er auch von seiner Frau verlassen sein würde. Anstatt aber, wie Vera es von ihm verlangt hatte, zumindest den Versuch zu unternehmen, sein Alkoholproblem in den Griff zu bekommen, fing er an, sie mit ständigen Anrufen zu provozieren. So viel Stolz war ihm noch geblieben, dass er darunter litt, als Verlassener und damit als Verlierer dazustehen. Es seiner Frau in dieser Lage so schwer wie möglich zu machen, war seine Art, die Trauer und Wut über den drohenden endgültigen Verlust zu artikulieren. Dass er dadurch nur für weitere Spannungen zwischen ihnen sorgte und die Sache schlimmer machte, war er nicht mehr in der Lage zu überblicken. Und so ließ er auch seine letzte Chance ungenutzt verstreichen.

Wenige Wochen nach ihrem Auszug rief Vera den Notruf der Polizei an. Sie gab an, dass ihr Mann im gemeinsamen Haus versucht habe, sie mit einem Stück Kabel zu erdrosseln. Sofort fuhren Polizei und Krankenwagen zu dem ausgebauten Bauernhaus der beiden. Jochen fanden die Beamten nicht mehr vor, so dass sie nach ihm fahnden ließen. Vera wurde sofort notärztlich versorgt und zur Klärung möglicher innerer Verletzungen in ein Krankenhaus gebracht, wo sie zunächst von dem diensthabenden Arzt und am nächsten Tag von einer Rechtsmedizinerin untersucht wurde.

Die Staatsanwaltschaft erhob Anklage beim Schwurgericht wegen versuchten Totschlags, die die Kammer auch eröffnete. Als der Tag der Hauptverhandlung gekommen war, erschien der Angeklagte in einem Zustand, der sofort Zweifel an seiner Verhandlungsfähigkeit aufkommen ließ. Die Kollegen – ich selbst war an diesem Tag nicht dabei – veranlassten umgehend einen Alkoholtest, dessen Ergebnis nach Einschätzung der anwesenden Mediziner die anfängliche Vermutung bestätigte. Jochen Friedemann war nicht verhandlungsfähig, die Hauptverhandlung musste ausgesetzt werden.

In einer solchen Situation gibt es mehrere mögliche Vorgehensweisen: So kann der Angeklagte in sogenannte Hauptverhandlungshaft genommen werden, damit er vor dem nächsten anberaumten Termin seine Verhandlungsfähigkeit nicht mutwillig sabotiert. Wenn er im Gefängnis sitzt, kann er keinen Alkohol trinken. Über diesen Haftbefehl entscheiden in einer laufenden Hauptverhandlung alle Berufsrichter und Schöffen und außerhalb der Verhandlung drei Berufsrichter. Mit einer solchen Maßnahme jedoch wäre dem Problem bei Jochen Friedemann nicht beizukommen gewesen, wie die hinzugezogenen Mediziner schnell feststellten. Seine Alkoholkrankheit war in diesem Zeitpunkt schon so massiv ausgeprägt, dass seine Verhandlungsfähigkeit nur durch eine mehrmonatige Therapie wiederhergestellt werden konnte. Genau dies wurde veranlasst, und Jochen verpflichtete sich zu einer stationären Alkoholentwöhnungstherapie.

Das Verfahren lag zunächst auf Eis, bis wir es ein gutes Jahr später wieder auf die Agenda setzten. Zwar hatte Jochen tatsächlich an einer Entwöhnungstherapie teilgenommen, aber nach seiner Entlassung wieder zu trinken begonnen, woraus er auch keinen Hehl machte.

Allerdings hatte er durch die Therapie gelernt, seinen Alkoholkonsum stärker zu kontrollieren. Dies jedenfalls war die Einschätzung des zuständigen Psychiaters, der Jochen im Vorfeld der Hauptverhandlung begutachtet hatte. Der Arzt hatte die Überzeugung geäußert, dass Jochen nach der Therapie verhandlungsfähig war, so dass wir nach einem kleinen Umweg endlich mit dem eigentlichen Verfahren beginnen konnten.

Welche Beweismittel hatten nach dem Anruf von Vera Friedemann die Staatsanwaltschaft zu der Anklage beim Schwurgericht veranlasst? Wie so häufig, wenn nur zwei Personen an dem Tatgeschehen beteiligt sind, kam es ganz entscheidend auf die Aussage des Tatopfers an. Selbstverständlich sind auch die Darlegungen von Opfern mit Vorsicht und Sorgfalt zu behandeln, weil sie häufig ein Interesse daran haben, dass der Täter möglichst hart bestraft wird. Diese Überlegungen gelten im Besonderen für Beziehungstaten, da in solchen Fällen die Beteiligten eine gemeinsame Vergangenheit haben und damit vielleicht ein Motiv, dem jeweils anderen zu schaden. Auch in diesem Fall mussten wir auf der Hut sein. Zum einen war das persönliche Verhältnis zwischen Jochen und Vera in der letzten Zeit wegen der ständigen Streitereien unerträglich geworden. Zum anderen hatte Vera eine neue Liebe gefunden, deren Zukunft Jochen im Weg stand. Ihn loszuwerden, und sei es auch nur für einige (Gefängnis-)Jahre, konnte durchaus ihr Hauptanliegen sein.

Aber da gab es noch etwas anderes, was wir bei der Würdigung ihrer Aussage sehr gründlich bedenken mussten. Den Strafakten ließ sich entnehmen, dass das bereits eingeleitete Scheidungsverfahren im Hinblick auf den bei uns anhängigen Strafprozess ausgesetzt worden war. Das Familiengericht musste unser Urteil abwarten, da dieses möglicherweise neue Voraussetzungen für dessen Entscheidungen schuf.

Worum ging es dabei rechtlich? Bei jeder Scheidung findet ein Versorgungsausgleich statt: Der Ehepartner, der in den Ehejahren einen höheren Versorgungsanspruch erworben hat, muss die Hälfte des überschüssigen Teils an den anderen Ehepartner abtreten. Unter normalen Umständen hätte Jochen bei der Scheidung aller Wahrscheinlichkeit nach einen Anspruch auf Versorgungsausgleich, weil Vera in den vergangenen Jahren deutlich mehr verdient hatte als er und damit auch höhere Rentenansprüche geltend machen könnte. Die Verpflichtung zu einem solchen Versorgungsausgleich ist nur dann nicht gegeben, wenn sie nach Einschätzung des Gerichts »grob unbillig« wäre, wie es in § 1579 des Bürgerlichen Gesetzbuches heißt. Was aber kann unbilliger sein, als wenn derjenige, der einen solchen Anspruch geltend macht, kurz zuvor nach dem Leben des Verpflichteten getrachtet hat? Somit war klar, dass das Scheidungsgericht kein Urteil fällen konnte, bevor wir darüber entschieden hatten, ob Vera Friedemanns Anschuldigung der Wahrheit entsprach. Und für uns bedeutete die Konstellation von bevorstehender Scheidung und Tatvorwurf vor allem eins: Wie auch immer die Beweislage am Ende aussah, mussten wir bei den gemachten Aussagen auf sachfremde Motive gefasst sein, ohne einem der Beteiligten etwas zu unterstellen.

Wenden wir uns vor diesem Hintergrund nun Veras

Zeugenaussage zu. Am besagten Tag war sie ihren Behauptungen nach am späten Nachmittag von der Arbeit in ihr gemeinsames Haus gekommen, um ein paar Sachen zu holen. Dort setzte sie sich sofort im Arbeitszimmer vor den Computer und suchte im Internet nach einer Wohnung. Mittlerweile hatte sie sich entschieden, Jochen endgültig zu verlassen. Nach einer Weile kam ihr Mann ins Zimmer und wollte wissen, was sie dort mache. Sie sagte frei heraus die Wahrheit und bestätigte auf seine Nachfrage, dass sie gerade eben eine passende Wohnung gefunden habe. Danach ging Jochen wortlos aus dem Zimmer und, wie sie hören konnte, hinaus auf den Hof. Dann stand er plötzlich hinter ihr. Sofort legte er ihr ein Seil um den Hals, zog es aber nicht gleich zu. Da griff sie blitzschnell mit beiden Händen nach dem Seil und konnte es mit einem Ruck wegziehen, so dass das Seil auf dem Boden landete. Nachdem sie sich befreit hatte, brüllte Jochen: »Ich bringe dich um!«, doch sie schaffte es, ihn aus dem Zimmer zu drängen und danach die Tür zuzuhalten. Als sie spürte, dass er von der Tür abließ, wollte sie sofort die Polizei rufen, musste dann aber feststellen, dass die Leitung tot war. Wie sie erst später am Tag entdeckte, hatte Jochen das Telefonkabel aus der Buchse gezogen. Jetzt überlegte sie, wo ihr Handy war, als sie auf einmal sah, wie Jochen von draußen durch das Fenster in das Zimmer einsteigen wollte. Ohne zu zögern, flüchtete sie sich in das obere Stockwerk, wo sie es schließlich schaffte, von ihrem Handy aus die Polizei zu verständigen. Dort berichtete sie von dem Vorfall, gab aber auch an, dass sie durch die Tat keinerlei sichtbare Verletzungen erlitten habe.

Sie habe nur das Gefühl gehabt, einen »Kloß im Hals zu haben«. Zudem habe sie panische Angst gehabt, dass er sie wirklich umbringen würde.

Der eine oder andere Leser wird jetzt vielleicht denken, es ist doch überhaupt nichts passiert, wie kann denn diese Tatschilderung zu einer Anklage wegen versuchten Totschlags führen? Ich will an dieser Stelle nicht mit komplizierten Überlegungen und Theorien zur Versuchsstrafbarkeit aufwarten. Einige wenige Sätze hierzu sind allerdings für das Verständnis unerlässlich. Die Strafbarkeit wegen eines versuchten Deliktes setzt zweierlei voraus: Der Täter muss im Vorfeld der Tat einen Tatentschluss fassen, juristisch ausgedrückt, er muss den Vorsatz zur Verwirklichung des Straftatbestandes bilden. Die zweite Voraussetzung ist, dass der Täter zur Tat »unmittelbar ansetzt«. Wann aber ist das der Fall? Hat Jochen zur Tat schon unmittelbar angesetzt, als er auf dem Hof nach dem geeigneten Tatwerkzeug gesucht hat? Oder war dies erst der Fall, als er mit dem Seil wieder im Arbeitszimmer erschien? Oder hat er in unserem Fall noch überhaupt nicht zur Tat angesetzt, weil er das Seil um Veras Hals noch nicht zugezogen hatte?

Man erkennt schnell, wie schwierig an dieser Stelle die Abgrenzung zur noch straflosen Vorbereitungshandlung der Tat ist. Rechtslehre und Rechtsprechung haben eine Formel erarbeitet, mit der eine Einordnung in den meisten Fällen gut gelingt. Danach setzt der Täter zur Tat unmittelbar an, wenn er nach seiner Vorstellung von der Tat die Schwelle zum »Jetzt geht es los« überschritten hat. Ich glaube, man kann ohne weiteres davon ausgehen, dass Jochen diese Schwelle überschritten hatte.

Indem er Vera das Seil um den Hals legte, bedurfte es zur Vollendung der Tat nur noch eines einzigen Schrittes: Er hätte nur noch zuziehen müssen. Ein Täter, der dem Opfer das mitgeführte Strangulationswerkzeug um den Hals legt, für den »geht es los« mit der Tat.

Eine ganz andere Frage war, ob Jochen seine damalige Frau tatsächlich hat umbringen wollen, ob ihm ein Tötungsvorsatz wirklich nachzuweisen sein würde. Auf sie aber mussten wir in der Hauptverhandlung eine zuverlässige Antwort finden, weil wir ohne diese zentrale Bewertung des Tatgeschehens kein Urteil fällen konnten.

Bei der vorliegenden Konstellation war es also durchaus angeraten, genau zu prüfen, ob wir es mit einem versuchten Tötungsdelikt zu tun hatten, auch ohne vorhandene Verletzungsspuren beim mutmaßlichen Opfer. Das galt umso mehr, als Vera Friedemann eine sehr glaubwürdige Zeugin war. Die oben geäußerten Befürchtungen, sie könnte ihrer Aussage im Hinblick auf ihr Scheidungsverfahren eine dramatischere Gestalt verleihen, haben sich nicht bewahrheitet. Hätte sie das wirklich gewollt, hätte sie behauptet, Jochen habe das Kabel zumindest leicht zugezogen oder sie habe sich nur mit größter Kraftanstrengung und nach langem Kampf aus der unmittelbaren Lebensgefahr befreien können. Nichts davon sagte sie aus, weshalb wir davon ausgehen konnten, dass die Zeugin um eine sachliche Darlegung der Ereignisse bemüht war. Allerdings wäre eine Dramatisierung auch durch die Untersuchungsergebnisse entlarvt worden, die uns die Rechtsmedizinerin in der Verhandlung vortrug. Die Sachverständige stellte bei ihrer Untersuchung der Geschädigten keinerlei Verletzungen fest, die auf eine wirksame Strangulation hätten schließen lassen – weder Veränderungen an der Halshaut noch kleinfleckige Blutungen im Gesicht oder an Binde- und Mundschleimhäuten. Damit, so die Rechtsmedizinerin, sei es auch unwahrscheinlich, dass das Kabel fest an Veras Hals angelegen habe. Dann hätte sie nämlich nur mit großen Schwierigkeiten unter das Kabel kommen können und sich Verletzungen mit ihren Fingernägeln zuziehen müssen.

Und was sagte Jochen Friedemann zu alldem? Nicht viel. Er ließ lediglich über seinen Verteidiger erklären, dass ihm die Sache leidtue, er seine Frau aber nicht habe töten wollen. Weiter ließ er sich, wohl auf Empfehlung seines Anwalts, vor Gericht nicht ein. Also mussten wir uns ohne nähere Erklärungen des Angeklagten mit der zentralen Frage dieses Falles befassen: Sagte Jochen in Bezug auf die Tötungsabsicht die Wahrheit oder nicht? Ohne die Feststellung eines Tötungsvorsatzes kam eine Verurteilung nicht in Betracht.

In einem anderen Fall habe ich schon beschrieben, mit welchen Schwierigkeiten die Ermittlung innerer Vorgänge behaftet ist und mit welchen Hilfsmitteln die Gerichte arbeiten, um möglichst zuverlässige Ergebnisse zu erzielen. Da Jochen nicht weiter mit uns reden wollte, mussten wir auch hier sämtliche Umstände der Tatausführung heranziehen, um aus ihnen Rückschlüsse auf Jochens damaligen Willen zu ziehen. Zu diesem Zweck nahmen wir uns das Geschehen, wie es sich nach den Aussagen von Vera und Jochen darstellte, Bild für Bild vor. Als erstes »Bild« riefen wir in unseren Köpfen eine Szene auf, in der sich ein Täter mit einem

Strangulationswerkzeug hinter einem ahnungslosen Opfer befindet und gerade dazu ansetzt, seine »Waffe« um den Hals des Opfers zu legen. Mit dieser konkreten Vorstellung im Kopf waren wir uns schnell einig: Nichts und niemand könnte in dieser Situation einen zur Tat fest entschlossenen Täter davon abhalten, sein Vorhaben umzusetzen. Denn kennzeichnend für diese Lage war doch, dass der Täter den Überraschungseffekt ausnutzen und das Seil schon hätte zuziehen können, noch bevor das Opfer überhaupt mitbekommen hätte, was da gerade vor sich geht. Unter keinen Umständen könnte die oder der Angegriffene sich ohne größere Gegenwehr aus der Umschlingung befreien. Eine entschlossen ausgeführte Tat sieht anders aus.

Zum nächsten Bild: Vera konnte ihrem Mann das Seil komplett entreißen, so dass es zu Boden fiel. Aber ließe sich ein Mann, der seine Frau ernsthaft das Leben nehmen will, so einfach das Tatwerkzeug aus der Hand nehmen? Zumal er ihr auch kräftemäßig überlegen war.

Gehen wir zur nächsten Szene. Jochen, dem gerade das Seil entrissen wurde, macht nicht einmal Anstalten, das zu Boden gefallene Seil aufzuheben und einen neuen Versuch zu starten. Auch fängt er in dieser Lage nicht damit an, sein Opfer zu schlagen oder mit bloßen Händen zu würgen, um seine Tötungsabsicht mit anderen Mitteln doch noch erfolgreich in die Tat umzusetzen. Stattdessen lässt er sich von Vera einfach aus dem Zimmer herausdrängen, ihr gelingt es sogar noch, ihm die Tür vor der Nase zuzuschlagen.

Alle drei Sequenzen des Tatgeschehens lassen eigentlich nur den einen Schluss zu: Jochen Friedemann kann

nicht ernsthaft entschlossen gewesen sein, seine Frau zu
erdrosseln. Aber was ist mit seiner expliziten Absichts-
erklärung? Er hat ihr doch sogar nach dem gescheiter-
ten Tötungsversuch noch ausdrücklich und lauthals
damit gedroht, sie gleich umzubringen. Bringt diese
Äußerung nicht hinreichend deutlich einen Tötungswillen zum Ausdruck? Nein. Denn sieht man genauer
hin, so erkennt man, dass sich auch diese Ankündigung
nicht wirklich ernst nehmen lässt. Jochen befand sich
zum Tatzeitpunkt in einer Ausnahmesituation, nach
seinem tiefen sozialen Absturz machte nun auch noch
seine Frau Ernst damit, ihn zu verlassen. An diesem
emotionalen Tiefpunkt war es vor allem der Alkohol,
der Jochen so weit enthemmte, dass er spontan das Seil
holte und es Vera in seiner Verzweiflung auch um den
Hals legte – offenbar mit laschem Griff. Das Gerede
eines Menschen in dieser Lage wörtlich zu nehmen, verbot sich nach unserer Auffassung, erst recht vor dem
Hintergrund der aufgezeigten Tat-Sequenzen. Nach
Würdigung all dieser Umstände gelangten wir zu dem
Ergebnis, dass deutlich mehr gegen einen ernsthaften
Tötungswillen sprach als dafür. Für eine Verurteilung
wegen versuchten Totschlags hätten wir jedoch mit der
notwendigen Sicherheit davon überzeugt sein müssen,
dass Jochen seine Frau damals tatsächlich töten wollte.

Blieb also höchstens Körperverletzungsvorsatz, für
den der Angeklagte belangt werden konnte. Ein solcher
Vorsatz war für uns auch gegeben, denn es war erkennbar Jochens Absicht gewesen, seiner Frau zumindest
einen heftigen Schrecken einzujagen. Dass sie keine
sichtbaren Verletzungen davontrug, spielt dabei keine

Rolle. Das Seil um ihren Hals und seine anschließende Drohung, sie umzubringen, haben sie so in Panik versetzt, dass sie Jochen aus dem Zimmer drängte und sich, als er durchs Fenster wieder hereinwollte, nur durch Flucht ins obere Stockwerk zu helfen wusste. Hier liegt eindeutig eine psychische Beeinträchtigung vor, die auch das körperliche Wohlbefinden nicht unerheblich in Mitleidenschaft zieht. Nach dem Gesetz ist damit der Tatbestand der Körperverletzung erfüllt.

Jochen hatte sich strafbar gemacht, keine Frage, aber eben nicht eines versuchten Tötungsdeliktes, sondern wegen einer Körperverletzung. Und irgendwie passte dieses Ergebnis auch besser zu Ausmaß und Qualität der Verfehlung, der Jochen sich mit seiner Tat schuldig gemacht hatte. Jeder Richter sollte sich selbst verpflichten, die erarbeiteten juristischen Einschätzungen und Entscheidungen noch einmal aus dem Blickwinkel des gesunden Menschenverstands zu betrachten. Das Gesetz lässt uns ausreichend Spielräume, um dem Einzelfall, also dem individuellen Täter und seiner konkreten Tat, gerecht zu werden. Wenn es wie hier nicht nur juristisch vertretbar ist, einen Tötungsvorsatz zu verneinen, sondern darüber hinaus auch das menschliche Ermessen und das »Bauchgefühl« ein solches Resultat fordern, sollte man sich für diesen Weg entscheiden, auch wenn bei isoliert juristischer Betrachtung durchaus auch ein anderes Ergebnis denkbar wäre.

Nachdem wir nun den Tatbestand geklärt hatten, stand noch die Überprüfung von Jochens Schuldfähigkeit aus. Jetzt kam der psychiatrische Sachverständige zu Wort, auf dessen Unterstützung wir in diesem Fall allein schon wegen Jochens massivem Alkoholmissbrauch angewiesen waren. Mit einer jahrelangen Alkoholabhängigkeit gehen häufig psychische Erkrankungen einher, die nur ein eigens dafür ausgebildeter Arzt zuverlässig erkennt. Ferner hatten wir von der Rechtsmedizin erfahren, dass der Alkoholgehalt in Jochens Blut zum Tatzeitpunkt bei 2,8 Promille lag. Bei einer Alkoholisierung des Täters deutlich über zwei Promille hat das Gericht sich stets mit der Frage zu befassen, ob der Täter dadurch nicht womöglich in seiner Einsichts- und Steuerungsfähigkeit beeinträchtigt – und damit eben auch seine Schuldfähigkeit eingeschränkt war. Der Psychiater begann seine Ausführungen mit einer wenig überraschenden Diagnose: Ungeachtet der von Jochen absolvierten Therapie liege bei ihm eine ausgeprägte Alkoholabhängigkeit vor. Das allein jedoch hat – wie schon an anderer Stelle ausgeführt – grundsätzlich keine Auswirkungen auf die Schuldfähigkeit des Täters. Der Alkoholiker ist zwar krank, wie andere Kranke ist er aber nicht per se außerstande, das Unrecht seines Handelns zu erkennen und entsprechend dieser Erkenntnis auch zu handeln. Doch über die reine Alkoholabhängigkeit hinaus war der Sachverständige zu dem Ergebnis gelangt, dass der Alkoholismus bei Jochen inzwischen zu einer psychosozialen Desintegration geführt hatte, ihm also normgerechtes und sozialadäquates Verhalten nicht mehr ohne weiteres möglich war. Nach § 20 StGB gilt als schuldunfähig, »wer bei Begehung der Tat wegen einer krankhaften seelischen Störung, wegen einer tiefgreifenden Bewusstseinsstörung oder wegen Schwachsinns oder einer schweren anderen seelischen Abartigkeit unfähig ist, das Unrecht der

184

Tat einzusehen oder nach dieser Einsicht zu handeln«. Als nur vermindert schuldfähig gilt gemäß § 21 StGB ein Täter hingegen, wenn seine Fähigkeit, das Unrecht der Tat einzusehen oder nach dieser Einsicht zu handeln, erheblich vermindert ist. Mögliche Gründe für eine verminderte Schuldfähigkeit werden ja in § 20 StGB genannt. Ein schuldunfähiger Täter kann überhaupt nicht bestraft werden, beim vermindert schuldfähigen Täter kann die Strafe gemildert werden.

Für eine vollständige Aufhebung der Schuldfähigkeit sah der Sachverständige keinen Raum, obwohl nach seiner Auffassung die Kombination von starker Alkoholabhängigkeit und psychosozialer Desintegration als »schwere andere seelische Abartigkeit« einzustufen war. Deswegen und mit Blick auf die enorme Alkoholisierung zur Tatzeit empfahl er dem Gericht, von einer verminderten Schuldfähigkeit auszugehen.

Diese fachliche Einschätzung deckte sich mit der Einschätzung von Jochens psychischem Gesundheitszustand, zu der wir im Verlauf der Hauptverhandlung gelangt waren. Man konnte sehen, dass er sich häufig nicht im Griff hatte, dass selbst sein Verteidiger ihn gelegentlich nur mit größter Mühe davon abhalten konnte, im Gerichtssaal ausfällig zu werden. Für alle erkennbar konnte Jochen seine Emotionen bisweilen nicht kontrollieren und verfiel oft schon im nächsten Moment in einen apathischen und emotional flachen Zustand. Er hatte ohne Zweifel eine »dissoziale Persönlichkeitsstörung« entwickelt, der jahrelange Alkoholmissbrauch hatte aus einem einst verantwortungsbewussten Familienvater und Ehemann ein psychisches und körperliches

Wrack gemacht. Es fiel uns daher nicht schwer, den Empfehlungen des Sachverständigen zu folgen und bei der konkreten Strafzumessung eine verminderte Schuldfähigkeit zugunsten von Jochen zu berücksichtigen.

Wegen Körperverletzung und Bedrohung verurteilten wir Jochen zu einer Freiheitsstrafe von einem Jahr, deren Vollstreckung konnten wir wegen fehlender Vorstrafen zur Bewährung aussetzen.

»Als Tiger gestartet und als Bettvorleger gelandet« – so lässt sich das Ergebnis dieses Prozesses zusammenfassen. Am Anfang der Verhandlung stand eine drohende Verurteilung wegen versuchten Totschlags. Am Ende kam »nur« eine Verurteilung wegen vorsätzlicher Körperverletzung heraus, eines Deliktes also, das gewöhnlich von den Strafrichtern der Amtsgerichte abgeurteilt wird. Es ist aber keine Schande, wenn sich ein solches Verfahren auch mal an ein Schwurgericht verirrt. Denn auch in diesem Prozess hatte sich gezeigt, dass erst eine gut vorbereitete und gründlich durchgeführte Hauptverhandlung uns Richter in die Lage versetzt, die wesentlichen Entscheidungsgrundlagen für unser Urteil zu gewinnen.

Und wie geht es mit Jochen Friedemann weiter? Mittlerweile ist er in eine andere Stadt zu seiner Schwester gezogen, die sich zumindest ein bisschen um ihn kümmern kann. Das Ehepaar Friedemann dürfte inzwischen geschieden sein. Auch wenn wir keine Informationen über Jochens weitere Entwicklung erhalten haben, bin ich eher skeptisch, dass er jemals wieder vom Alkohol loskommt. Um es mit seinen Worten zu sagen: »Was bliebe mir dann noch vom Leben?«

Russische Seele

Man konnte seine frühere Gutmütigkeit und Lebensfreude noch erahnen. Sein markanter Kopf mit dem scharfgeschnittenen Gesicht und den sanften, blauen Augen, die einem in jedem Augenblick sagen wollen, ich bin nicht der, für den ihr mich alle haltet. Auch seine weiche, fast zarte Stimme passt nicht zu der Szenerie, in der er sich plötzlich ungewollt wiederfindet. Folglich entsteht ein Störgefühl, als Wladimir Michailowitsch Wolkow von Justizbeamten bewacht und mit Hand- und Fußfesseln gesichert in den Verhandlungssaal des Schwurgerichts geführt wird. Er ist ein großer schmaler Mann, sein rötliches Haar hängt ihm in die Stirn, und er sieht aus, als würde er sich schämen. Schämt er sich, dass er überhaupt in diese Situation geraten ist, als Angeklagter hier hereingeführt zu werden, oder hat er tatsächlich jemanden umgebracht?

Natürlich führt es in der Regel in die Irre, vom Äußeren eines Menschen auf dessen Persönlichkeit zu schließen. Die Physiognomie ist für die Beurteilung von Straftätern ein denkbar schlechter Indikator. Und das Verhalten eines Angeklagten vor Gericht ist nicht selten reine Maskerade, betrieben in der Hoffnung, zumindest die Schöffen zu beeinflussen. Dennoch war ich mir von

Anfang an sicher, dass in Wladimirs Leben irgendetwas geschehen sein musste, das ihn, der bisher nie straffällig geworden war, so aus der Bahn geworfen hatte, dass er schließlich, jedenfalls der Anklageschrift der Staatsanwaltschaft zufolge, einen Landsmann tötete – und zwar wegen einer Lappalie.

Wladimir wurde 1970 im heutigen Gebiet von Kasachstan als ältester Sohn von russischen Kolchosebauern geboren. Die Familie führte, vor allem gemessen an heutigen Verhältnissen in einem reichen Land wie Deutschland, ein bescheidenes Leben, aber die Eltern sorgten dafür, dass es den Kindern in materieller und emotionaler Hinsicht an nichts mangelte. Nach insgesamt acht Jahren Schule wurde Wladimir Traktorist. Anschließend absolvierte er eine Ausbildung zum Mechaniker. Letztere wurde ihm dann besonders nützlich, als er eingezogen wurde: Die seinerzeit sehr harte russische Militärausbildung überstand er nicht zuletzt dadurch ohne größere Probleme, dass er zur Reparatur der LKWs eingesetzt wurde. Während sich andere schinden mussten, durfte er einfach genau das machen, was er zuvor in seinem Zivilleben getan hatte. So kann man ohne Übertreibung sagen, dass Wladimir bis dahin ein angenehmes Leben und einiges an Glück gehabt hatte.

Entsprechend liebte er seine Heimat, nie wäre er von sich aus auf den Gedanken gekommen, ihr den Rücken zu kehren, auch nicht für ein scheinbar besseres Leben im »goldenen Westen«. Ganz sicher wollte er für das Versprechen grenzenlosen Wohlstands, wegen dem sich viele seiner Landsleute von Deutschland magisch angezogen fühlten, nicht seine ihm vertraute Umgebung verlassen. Er hing an seiner Familie und dem Land, in dem er aufgewachsen war, an den grenzüberschreitenden Globalisierungsprozessen wollte er nicht teilhaben. In der Dramaturgie seines Lebens stand ihm allerdings bald nach der für ihn glimpflich verlaufenen Militärzeit eine erste größere Bewährungsprobe bevor. Die ökonomischen Verhältnisse waren im kasachischen Teil der Sowjetunion in den achtziger Jahren schwierig. Mechaniker gab es im Überfluss, so dass Wladimirs Chancen auf gutbezahlte Arbeit gleich null waren. Von einem Cousin erfuhr er, dass in der Ukraine Lastwagenmechaniker gesucht und deshalb gut bezahlt würden. »Geh doch auch dorthin und versuch dein Glück, du bist jung und ungebunden.« Wladimir zögerte lange, eigentlich wollte er auf keinen Fall aus seinem Heimatdorf weg, andererseits würde er so weit nicht weggehen müssen, er wäre schnell wieder zu Hause, wenn er es in der Ukraine nicht aushielt. Immerhin müsste er also seinen Kulturkreis nicht verlassen, in gewisser Weise bliebe er in seiner Heimat und er würde die Sprache verstehen. Die Nachteile wären gering, aber der Vorteil sehr groß: Endlich würde er eine Beschäftigung finden. Dass diese vermeintlich kleine Entscheidung ein erster Schritt zu einer fundamentalen Veränderung sein und letztlich sein ganzes weiteres Leben in andere Bahnen lenken würde, konnte er zu diesem Zeitpunkt nicht einmal ahnen. Auch ging seine Rechnung zunächst durchaus auf, denn tatsächlich suchte man in der Ukraine Leute wie ihn und bezahlte sie dementsprechend gut.

Er konnte es sich sogar leisten, nach Hause zu fahren, wann immer es zeitlich machbar war. Sein ganz persönliches Lebensexperiment schien zu funktionieren. Erst recht, als er sich in eine Frau verliebte und bald darauf mit ihr zusammenzog. Doch sein Glück war nur von kurzer Dauer. Wie sich herausstellte, konnte seine Freundin keine Kinder bekommen. Ein Leben ohne Kinder aber war für Wladimir unvorstellbar, nach seinen Vorstellungen gehörte es zu einem erfüllten Leben einfach dazu, eine Familie zu gründen. So war er selbst groß geworden, das hatte ihn geprägt. Wenn ich schon dazu verurteilt bin, jenseits der Heimat leben zu müssen, dann will ich mir hier wenigstens ein eigenes Nest bauen, so dachte er. Und er fing an, sich nebenbei nach anderen Frauen umzusehen. Es dauerte nicht lange, bis er Ludmilla Stepanowa Wolkowa fand und regelmäßig heimlich bei ihr übernachtete. Schneller, als Wladimir es selbst für möglich gehalten hätte, wurde sie von ihm schwanger. Ohne lange zu überlegen, zog er bei seiner Freundin aus und heiratete die Mutter seines noch ungeborenen Kindes. Er gründete die ersehnte Familie, allerdings nicht in seiner Heimat Kasachstan. Seine Tochter kam in der Ukraine zur Welt.

Ludmilla hatte vor der Heirat darauf bestanden, dass Wladimir ihren Familiennamen annahm. Weil es nach ihren Worten »sonst nichts würde mit einer gemeinsamen Familie«, willigte er ein.

Diese emanzipiert wirkende Lösung der Namensfrage kam mir, als ich später im Prozess mit diesem Umstand konfrontiert wurde, in Anbetracht der damaligen gesellschaftlichen Bedingungen in der Sowjetunion bizarr vor. Es schien mir einfach nicht in diese Zeit und an diesen Ort zu passen. Rückblickend betrachtet war es in jedem Fall ein erster Fingerzeig dafür, welche Stellung Wladimir in dieser Ehe einnehmen würde. Er hatte zu tun, was seine Frau von ihm verlangte, wenn er den Fortbestand seiner Familie nicht gefährden wollte. Und dies wollte er um keinen Preis der Welt, machten ihm doch nur Frau und Kind sein Leben im »Exil« halbwegs erträglich. Wieder konnte er nicht ahnen, dass die Folgen seiner Entscheidung anders ausfallen würden als erwartet. Kaum hatte er bei der Namensfrage nachgegeben, wurde er mit neuen Bedingungen für den Familienerhalt konfrontiert: Ludmilla mochte sich mit dem bescheidenen Leben in der Sowjetunion nicht zufriedengeben. Und so traf es sich nicht schlecht, dass ihre Herkunftsfamilie deutsche Wurzeln und damit jederzeit das Recht hatte, nach Deutschland umzusiedeln. Die Aussicht, durch eine »einfache« Entscheidung zu Wohlstand zu kommen, war für Ludmilla sehr verlockend. Falls sie trotzdem noch Zweifel hegte, allein in die Fremde zu ziehen, wurden ihr diese von den Eltern ausgetrieben: »Es ist die Chance deines Lebens, die darfst du dir nicht entgehen lassen, und wenn du es nur für deine Kinder und für uns tust.« Schließlich bestand auch Ludmilla, die inzwischen wieder schwanger war, darauf, dass die Familie nach Deutschland zog. Wladimir protestierte gegen die Entscheidung und wehrte sich mit aller Kraft, aber er hatte keine Chance, es zählte nicht, was er wollte.

»Wenn du nicht mitkommst, wirst du deine Kinder nie wieder sehen«, sagte Ludmilla kühl. Da er nicht daran zweifelte, dass sie ihre Drohung wahr machen und ihn von seinen Kindern trennen würde, gab er schließlich schweren Herzens nach.

Anfangs konnte Wladimir sich noch einreden, dass alles seine Zeit braucht. Es war nicht zu erwarten gewesen, dass er sofort nach der Einreise in Deutschland Arbeit fand, mit der er in der Lage sein würde, ein selbstbestimmtes Leben zu führen. Der von allen erwartete Wohlstand würde sich mit der Zeit schon einstellen. Also nahm er es hin, dass ihr neues Leben erst einmal von Formalitäten und Langeweile bestimmt war. Ihre Träume würden schon noch in Erfüllung gehen, wenn sie nur Geduld hatten. Man kann nicht behaupten, Wladimir hätte zu viel auf einmal gewollt oder diesem Neuanfang in einer ganz anderen Welt keine Chance gegeben. Er bewarb sich, wo er nur konnte, er flehte regelrecht um eine Beschäftigung, die ihn aus der Tristesse seines Alltags herausholen konnte. Für einen wie ihn gab es jedoch keine Verwendung. Wer brauchte in Deutschland schon einen Mechaniker, der sich mit LKWs und Autos aus der Sowjetunion auskennt? In seiner neuen Heimat lag die Arbeitslosigkeit bei 15 Prozent, da halfen auch seine Kenntnisse als Traktorist nicht weiter.

Zum ersten Mal in seinem Leben fühlte Wladimir sich nutzlos. In seiner Wahrnehmung war er zum Versager geworden, weil er nicht mal in der Lage war, seine eigene Familie zu ernähren. Was nutzte ihm all der für ihn sichtbare Wohlstand der anderen, wenn er selbst nicht daran teilhaben und seiner Frau und seinen Kindern nichts bieten konnte? Und dann war da noch diese entsetzliche Langeweile, dieses sinnlose Warten und Hoffen tagein, tagaus, dazu auf etwas, das sich ohnehin nicht einstellen würde.

Je nutzloser sich Wladimir vorkam, desto wichtiger wurde es ihm, sich und anderen zu beweisen, dass er »ein richtiger Mann« war. Das tat er, indem er anfing zu trinken. Und je länger der erhoffte Erfolg ausblieb, umso mehr Wodka schüttete er in sich hinein. Es waren die Momente des Rausches, in denen er sich wieder stark fühlte, die ihm wenigstens kurz das Gefühl gaben, wieder jemand zu sein. Es waren aber auch die Momente, die für seine Familie immer unerträglicher wurden. Er begann sich aufzuspielen, verlangte Achtung und Gehorsam auf eine Art, die von Mal zu Mal, von Rausch zu Rausch fordernder und aggressiver wurde. Er bemerkte gar nicht, dass es genau die von ihm eingeforderte Achtung war, die er mit seinem Verhalten immer mehr verlor. Das Letzte, was ihm noch geblieben war, seine Familie, trieb er immer weiter von sich weg.

Irgendwann reichte es Ludmilla, zum einen konnte sie ihn in seiner Nutzlosigkeit nicht mehr ertragen, zum anderen wollte sie ihre Kinder nicht länger diesem saufenden und herumbrüllenden Vater aussetzen. Mit diesem Mann, da war sie sicher, war auch an einen Neuanfang nicht zu denken. Selbst nüchtern würde er ihr niemals bieten können, wonach sie sich sehnte, wofür sie die lange Reise überhaupt angetreten hatte. Ohnehin war sie anders als er: Während er es hasste, in eine ungewisse Zukunft zu gehen, und Veränderungen mied, war sie immer offen für Neues. Als Ludmilla bei einer Hochzeit von Freunden einen deutschen Mann kennenlernte, ergriff sie ihre Chance. Wladimir war ihr zu einer Belastung geworden, zu einer Fessel, die sie an ihrer freien Entfaltung hinderte. Kurzerhand trennte sie sich von ihm, zog zu ihrem neuen Freund und nahm die Kinder mit. Für sie war die Sache endgültig.

Wladimir blieb allein zurück. Die ganzen Mühen hatten sich für ihn nicht gelohnt. Schlimmer noch: Er hatte auch noch das einzig Gute und Erhaltenswerte, das er mit in die Fremde gebracht hatte, verloren. Ein solcher Tiefpunkt ist für manche Menschen ein lautes und unmissverständliches Warnsignal. Sie halten endlich inne, erkennen, dass sie selbst zu der Misere beigetragen haben und sich auch nur selbst daraus befreien können. Doch Wladimir war nicht der Typ, so viel dürfte inzwischen deutlich geworden sein, der solche Situationen produktiv nutzt. Der seine Lage realistisch erfasst und aus ihr gestärkt hervorgeht. Er war noch nie ein Kämpfer, und der Alkohol hatte ihn noch defensiver gemacht. So versank er in seinem Kummer, den er förmlich zu ersäufen versuchte. Immer häufiger traf er sich mit russischen und polnischen Freunden, die sich in einer ähnlichen Verfassung befanden, und verbrachte seine Tage damit, sich besinnungslos zu betrinken.

Ein solches Treffen gab es auch an jenem Mittwoch im September, als einer dieser vom Leben frustrierten Saufkumpane sterben sollte.

Schon in der Früh hatten sich Wladimir, Alexej und Sascha getroffen. Bereits weit vor Mittag war die erste Flasche Wodka geleert. Ohne lange zu zögern, sorgten sie für Nachschub. Nur wenige Minuten später, und unmittelbar nachdem Jerzy zu ihnen gestoßen war, wurde Alexej durch einen Dolchstich ins Herz getötet.

Schon beim ersten Lesen der Gerichtsakten wurde mir klar, dass dies ein schwieriger Prozess werden würde. Strafverfahren, die im »Ausländermilieu« spielen, stellen für Gerichte eine besondere Herausforderung dar. Sie kommen selten ohne Dolmetscher aus, außerdem befinden sich die benötigten Zeugen bei Prozessbeginn häufig wieder im Ausland. Diese müssen dann umständlich in ihrem Heimatland geladen werden, wobei es den Gerichten in vielen Fällen nicht gelingt, ihre Entscheidungen auch durchzusetzen. Zum anderen stößt man als deutsches Gericht in solchen Fällen nicht selten auf eine eigenartige »Mauer des Schweigens«, auf eine bizarre ethnische Solidarisierung, die bisweilen sogar zwischen Täter- und Opferlager stattfindet. Nicht dass die bestellten Zeugen Sympathie für den jeweiligen Gewaltverbrecher hegen. Auch sie verabscheuen eine solche Tat und wollen mit einem solchen Menschen nichts zu tun haben. Doch scheinen ihnen ihre Wertvorstellungen in vielen Fällen zu verbieten, einen Angehörigen der eigenen Nationalität zu »verraten« und ihn damit der deutschen Justiz zum »Fraß vorzuwerfen«. Es sollte sich zeigen, dass wir genau mit diesen Problemen auch hier zu tun haben würden.

Ganz offensichtlich auf Empfehlung seines Verteidigers hatte sich der Angeklagte dazu entschlossen, zur Sache selbst nichts zu sagen. Da Wladimir schwieg, war es nun an uns, die ihm zur Last gelegte Straftat nachzuweisen, indem wir uns mühsam von einem Beweismittel zum nächsten durchkämpften. Die Beweisaufnahme eröffneten wir mit dem Zeugen Jerzy, einem großen, ungelenken Mann mit tiefzerfurchtem Gesicht um die Sechzig, der einen ausgesprochen simplen Eindruck auf mich machte. Vielleicht spielte er uns aber auch nur vor, nicht genau zu wissen, warum wir ihn vorgeladen hatten. Wie andere Zeugen in diesem Verfahren auch gab Jerzy an, das eigentliche Tatgeschehen, den tödlichen Dolchstoß, nicht wahrgenommen zu haben. Die sehr zähflüssige Vernehmung ließ mich erkennen, welche Bauchschmerzen es dem Zeugen bereitete, den Angeklagten womöglich belasten zu müssen. Trotzdem erhielten wir immerhin von dem unmittelbaren Vor- und Nachtatgeschehen ein leidlich gutes Bild. Nach seiner Darstellung war Folgendes passiert: Jerzy wollte bei Wladimir etwas abholen, was er einige Tage zuvor liegengelassen hatte. Als er dort »irgendwann so um elf« ankam, traf er außer Wladimir auch noch Alexej und Sascha an und konnte »gleich riechen, dass ordentlich Wodka getrunken wurde«. Angetrunken waren alle drei, aber am stärksten der Gastgeber. Und die Stimmung war nicht friedlich: »Da stank's nicht nur nach Schnaps und Zigaretten, die hatten sich auch mal wieder in den Haaren.« Wladimir und Alexej hatten sich offenbar wegen Fußball »in der Wolle.« Es ging um ein Spiel der russischen Premjer-Liga, das am Vortag ausgetragen worden war. Alexej schwärmte in höchsten Tönen von dem Sieg seines Clubs Dynamo Moskau. Wladimir hingegen war schon seit frühester Jugend Anhänger des Lokalrivalen ZSKA Moskau, der schlecht gespielt und deshalb verloren hatte. Jerzy hatte den Eindruck, dass Wladimir über die Niederlage seines Lieblingsvereins so frustriert war, dass er »total angestochen« reagierte. Im Nu löste sich die Runde auf, und alle außer Wladimir verließen seine Wohnung. Jerzy verabschiedete sich von ihm mit dem Rat, erst mal seinen Rausch auszuschlafen. Unten vor der Tür standen Sascha und Alexej und rauchten noch eine Zigarette. Jerzy stellte sich noch eine Weile zu ihnen, dann verabschiedete er sich mit den Worten »Macht's gut, ich muss los«, drehte sich um und ging in Richtung Straßenbahnhaltestelle. Als er kaum ein paar Schritte gegangen war, sah er »mehr aus dem Augenwinkel«, wie Wladimir aus dem Haus kam. »Er ist direkt auf die rauchenden Männer zu.« Sekunden später fasste sich Alexej an den Bauch, ging noch einige Meter die Straße entlang und brach schließlich zusammen. Jerzy gab zu Protokoll: »Den Stich hab ich nicht gesehen, ich weiß nicht, ob wirklich Wladimir zugestochen hat. Ich habe aber den blutverschmierten Dolch in seiner Hand gesehen – und nur in seiner.«

Der Verteidigung war anzumerken, dass sie den Zeugen nicht wirklich ernst nahm. Offenbar dachte sie, dass sie mit Jerzy leichtes Spiel haben würde. Bei oberflächlicher Betrachtung konnte sie auch recht zuversichtlich sein. Der »jämmerliche« Eindruck, den er machte, lud förmlich dazu ein, seine Aussage zu demontieren. Es waren jedoch nicht in erster Linie die von Wladimirs Anwalt vorgebrachten logischen Widersprüche, die uns länger beschäftigen mussten. Denn diese ließen sich bei genauer Analyse des Tatgeschehens auflösen. Es war etwas anderes, das die Verteidigung vorbrachte, mit dem wir als Gericht uns gründlicher auseinandersetzen mussten. Es war ein Gesichtspunkt, der sich gegen die

Glaubwürdigkeit des Zeugen im Ganzen richtete und damit den Bestand seiner Aussage gefährdete.

Der Sohn des Zeugen Jerzy – so der Verteidiger – habe nämlich ein Verhältnis mit der Frau des Angeklagten. Jerzy habe daher allen Grund dazu gehabt, Wladimir gründlich aus dem Weg zu räumen, um seinem Sohn freie Bahn zu verschaffen. Uns war klar, dass, stimmte diese Behauptung des Verteidigers, eine Verurteilung Wladimirs auf die Angaben von Jerzy nur schwer gestützt werden konnte. Wir waren an einem Punkt im Verfahren angelangt, an dem wir Richter uns die Frage stellen mussten, wie weit wir uns auf die Darstellungen des Angeklagten und seines Verteidigers tatsächlich einlassen müssen. Diese Problematik war uns aus anderen Verfahren durchaus bekannt. Waren wir jetzt dazu verpflichtet, auch den Sohn von Jerzy als Zeugen zu laden, um ihn zu dem angeblichen Verhältnis zur Frau des Angeklagten zu befragen? Ging die Pflicht zur im Strafprozess geltenden Amtsaufklärung wirklich so weit? Vielleicht hätten wir es tun müssen. Wir haben uns allerdings anders entschieden, zu sehr waren wir davon überzeugt, dass dies eine reine Schutzbehauptung des Angeklagten war. Denn es gab nicht den leisesten Anhaltspunkt dafür, dass es dieses Verhältnis wirklich gegeben hat. Wir konnten nämlich davon ausgehen, dass Jerzy und Wladimir regelmäßig Kontakt zueinander hatten, dass Jerzy ihm von Zeit zu Zeit sogar bei Behördengängen behilflich war. Verhielt sich so jemand, der einem anderen gegenüber voreingenommen ist?

Den größten »Profit« schlugen wir allerdings eben aus der vermeintlich so desolaten Verfassung des Zeugen. Wie alle anderen Zeugen war auch Jerzy vor der Hauptverhandlung mehrfach polizeilich vernommen worden. Alle seine Vernehmungen wurden schriftlich protokolliert und befanden sich in den Gerichtsakten. Wir hatten sie alle gelesen und zudem noch die Vernehmungsbeamten befragt. Damit waren sie wirksam in die Hauptverhandlung eingeführt worden und gehörten zum verwertbaren Prozessstoff. Dieser fast schon bemitleidenswerte Jerzy hatte in allen Vernehmungen immer wieder das Gleiche gesagt, nicht mal in Details hatte er seine Angaben zurückgenommen oder geändert, obwohl zwischen der ersten und der gerichtlichen Aussage viele Monate vergangen waren. Aussagepsychologisch stellte diese Konstanz eine nicht zu vernachlässigende Leistung dar. Nach unserer festen Überzeugung war Jerzy, so wie er sich uns präsentierte, einfach nicht zuzutrauen, dass er ein Lügengerüst über so lange Zeit aufrechterhalten konnte, und das ohne die kleinste Abweichung. Es mag paradox klingen, aber wir glaubten ihm gerade wegen seiner Schlichtheit.

In Film oder Fernsehen sieht man immer wieder mal, dass ein Zeuge unter dem Eindruck einer intensiven Befragung »umfällt« und sich letztlich doch dazu entschließt, die Wahrheit zu sagen. In der gerichtlichen Praxis erleben wir dagegen sehr selten Überraschungen. In den allermeisten Fällen wiederholen die Zeugen mehr oder weniger den Inhalt der bereits bei der Polizei gemachten Aussage. Ein Zeuge, der sich zu einem frühen Zeitpunkt bereits dazu entschlossen hat, zu einem möglicherweise entscheidenden Detail des Tatgeschehens die Unwahrheit zu sagen, wird in aller Regel auch in der Gerichtsverhandlung dabei bleiben. Er hat sich festgelegt und kann, so glaubt er, nicht mehr zurück. Diese Erkenntnis ist einer der wesentlichen Gründe dafür, warum wir Zeugen heute nur noch selten vereidigen. Wir wissen, dass diese Zeugen auch einen Meineid schwören würden. Wir müssen sie vor sich selbst beschützen.

Bei der Zeugin Jana Schuster ereignete sich aber einer jener seltenen Momente. Jana Schuster ist die Mutter von Sascha und wurde durch Zufall Zeugin des Tatgeschehens. Die auch aus Kasachstan stammende Frau war mit einem Deutschen verheiratet und verbrachte daher viel Zeit in Deutschland. Sie war eine ungemein umtriebige Frau, die eine ihrer Lebensaufgaben in einer Art missionarisch-karitativer Lebenshilfe sah. Sie reiste viel und bot allen möglichen Menschen ihre Dienste an, die medizinisch-psychologische Hilfestellungen ebenso umfassten wie auch Ernährungs- und Sexualberatung. Ein bisschen kam sie mir vor, als würde sie sich als eine Art wiedergeborene Mutter Teresa sehen. Sie sprach hervorragend Deutsch, wenn auch mit starkem Akzent. Davon konnten wir uns im Überfluss überzeugen, da sie uns jede noch so banale Frage mit großer Geschwätzigkeit beantwortete. Auch wenn sich ihre Befragung dadurch ausgesprochen schwierig gestaltete, war sie doch nicht unsympathisch, in ihrer positiv verrückten Art hatte sie etwas sehr Unterhaltsames. Jana Schuster hatte aber noch ein weiteres Ziel: Mit aller Macht wollte sie ihren Sohn auf Dauer nach Deutschland bringen. Mehr als kurze Besuche mit einem Touristenvisum hatte es bislang nicht gegeben. Da kamen wir ihr gerade recht mit unseren Vorstellungen von einem Rechtsstaat, in dem keine Kosten und Mühen gescheut werden, eine Straftat gründlich aufzuklären. Auch davon wird noch die Rede sein.

Doch zunächst zu Jana Schusters Aussage dazu, wie sie unvermittelt zu einer wichtigen Zeugin geworden war. Mit ihrem Sohn Sascha hatte sie an jenem Tag verabredet, ihn bei Wladimir abzuholen. Also machte sie sich zur vereinbarten Zeit auf den Weg dorthin. Sie betrat genau in dem Moment die Szene, als Alexej erstochen wurde. Ich war mir von Anfang an sicher, dass sie alles gesehen hatte. Sie kannte den Täter, man konnte es regelrecht spüren. Das Problem war nur, dass sie bislang genau dies stets geleugnet hatte. Und nicht nur das. Anders als Jerzy hatte sie in allen vorherigen Vernehmungen krampfhaft versucht, den Verdacht von Wladimir abzulenken. Sie hatte sogar eine unbekannte Person ins Spiel gebracht, die angeblich bei ihrem Auftauchen weggelaufen war, und gesagt, nur dieser Mann könne der Täter gewesen sein, auch wenn sie von der Tat selbst nichts mitbekommen habe.

Und genau mit dieser »Geschichte« wartete sie auch im Zeugenstand auf. So sah zunächst alles danach aus, dass diese wichtige Zeugin für uns verloren war. Keine der üblichen Vernehmungstechniken waren erfolgreich, weder die freundliche Ermahnung, dass sie zur Wahrheit verpflichtet war, noch eine strenge Befragung, die darauf abzielte, sie so unter Druck zu setzen, dass sie endlich erzählte, was wirklich passiert war.

Fast am Ende ihrer Vernehmung hatte ich plötzlich eine Idee. Mir fiel ein, dass wir Jana Schuster noch überhaupt nicht mit der Tatwaffe konfrontiert hatten. Um nichts unversucht zu lassen, bat ich sie – wie das Prozedere es verlangt, zusammen mit den anderen Prozessbeteiligten –, an den Richtertisch zu treten, damit sie den Dolch, den die Polizei am Tatort sichergestellt hatte, aus nächster Nähe in Augenschein nehmen konnte. Zum ersten Mal in der gesamten Vernehmung fehlten der Zeugin die Worte. Schweigend starrte sie die Waffe an, und in diesem Moment verlor ich auch die letzten Zweifel, dass sie diese auffällige Waffe aus sowjetischen Militärbeständen mit dem hellen Bakelitgriff schon einmal gesehen hatte. So leise habe ich es im Schwurgerichtssaal noch nie erlebt. Zeugin, Verteidiger, Anklagevertreter, Nebenklägervertreter und Sachverständige, sie alle standen am Richtertisch, und jeder von ihnen schien das Atmen vergessen zu haben. Vorsichtig sprach ich die Zeugin an: »Sie kennen den Dolch?«

»Ja«, antwortete sie sichtlich betroffen.

»Und wo haben Sie ihn vorher schon einmal gesehen?«

»Ich habe ihn am Tatort gesehen. Er war in *seiner* Hand.« Zu diesen entscheidenden Worten zeigte Saschas Mutter auf den Angeklagten. Es war raus, endlich! Eine selten empfundene Erleichterung machte sich im Gerichtssaal breit. Da schadete es auch nicht mehr, dass Jana Schuster, nachdem sie sich wieder gefangen hatte, in ihr altes Verhaltensmuster zurückfiel und uns eine plausible Erklärung dafür anbieten wollte, wieso Wladimir den Dolch in der Hand hatte, wenn er nicht der Täter war: »Ich bin mir sicher, dass er ihn nur aus dem

Körper des Opfers wieder herausgezogen hat, um ihm zu helfen. Gestochen hat dieser fremde andere Mann.«

Wir ließen sie reden. An der Glaubhaftigkeit ihrer zentralen Äußerung, dass sie den Dolch in der Hand des Angeklagten gesehen hatte, konnte kein vernünftiger Mensch ernsthafte Zweifel haben. So schwer, wie sie sich damit getan hatte, etwas Belastendes gegen den Angeklagten auszusagen, musste dieser Teil ihrer Geschichte der Wahrheit entsprechen. Damit hatten nun zwei Zeugen zu Protokoll gegeben, dass Wladimir die Tatwaffe unmittelbar nach der tödlichen Verletzung in der Hand gehalten hatte. Diese beiden gutverwertbaren Aussagen waren keine schlechte Ausgangslage, allerdings war noch eine Hürde zu nehmen, bei der ebenfalls Jana Schuster eine zentrale Rolle spielen sollte.

Es gab noch einen unmittelbaren Tatzeugen: Sascha. Der Sohn der eben befragten Zeugin hatte alles von Anfang an miterlebt, er war, mit Ausnahme des schweigenden Angeklagten und des Tatopfers, der Einzige gewesen, der das Geschehen von der ersten bis zur letzten Minute verfolgt hatte. Damit war er zweifellos der wichtigste Zeuge, also konnten wir auf seine Vernehmung unmöglich verzichten. Das Problem aber war, dass er inzwischen aus Deutschland ausgewiesen worden war und wieder in Kasachstan lebte. Es würde also alles andere als einfach sein, ihm auch nur die Vorladung zukommen zu lassen.

In einer solchen Situation ist die Versuchung des Gerichts sehr groß, auf eine persönliche Vernehmung des Zeugen zu verzichten und den notwendigen Prozessstoff ausschließlich durch die Verlesung seiner polizeilichen Vernehmungen sowie die Anhörung der Vernehmungsbeamten in das Verfahren einzuführen. Es lag ja alles vor, die Akten waren voll von Saschas Aussagen, alles war gründlich dokumentiert. Vor einem solchen Schnellschuss aber will uns – aus gutem Grund – die Strafprozessordnung bewahren. Sie erhebt die persönliche Vernehmung des Zeugen vor Gericht zum Maß aller Dinge und vertraut die letzte und entscheidende Befragung den Richtern an. Sie sollen dafür Sorge tragen, dass er in der Hauptverhandlung zur Wahrheit findet. Auch sollen sich das Gericht und die Prozessöffentlichkeit einen unmittelbaren Eindruck von dem Zeugen machen können. Wir nennen dies die »Unmittelbarkeit der Hauptverhandlung«. In § 250 der Strafprozessordnung heißt es: Beruht der Beweis einer Tatsache auf der Wahrnehmung einer Person, so ist diese in der Hauptverhandlung zu vernehmen. Die Vernehmung darf nicht durch Verlesung des über eine frühere Vernehmung aufgenommenen Protokolls oder einer schriftlichen Erklärung ersetzt werden.«

Auf früher gemachte und in der Prozessakte festgehaltene Aussagen darf nur zurückgegriffen werden, wenn der Zeuge für das Gericht »unerreichbar« ist. Das hieß für uns: Wir mussten alle Hebel in Bewegung setzen, um Sascha irgendwie in Kasachstan zu erreichen und ihn zur Zeugenvernehmung zu laden. Das war nur leider gar nicht so einfach. Der Grund: Genauso wenig wie ein deutscher Polizist dazu befugt ist, im Ausland Verkehrskontrollen durchzuführen, darf ein deutsches Gericht nicht einfach eine gerichtliche Ladung an den Wohnsitz eines Zeugen im Ausland zustellen. Hoheitliches Handeln eines Staates ist auf sein Staatsgebiet beschränkt. Ladungen eines Zeugen im Ausland laufen über ein Amtshilfeersuchen, das über die jeweilige deutsche Botschaft des Landes vermittelt wird. Ein solches Verfahren ist aufwendig, und, was noch schlimmer ist, es dauert. Zeit ist aber eine chronisch knappe Ressource in jedem Strafprozess. Werden nämlich die vorgesehenen – ziemlich knappen – Fristen überschritten, kann ein Prozess platzen, und alles muss von vorne beginnen. So dürfen zwischen zwei Verhandlungstagen grundsätzlich nicht mehr als drei Wochen liegen. Hat das Verfahren bereits an zehn Verhandlungstagen stattgefunden, muss es innerhalb eines Monats fortgesetzt werden. Gelingt es dem Gericht nicht, diese Fristen einzuhalten, etwa weil ein unverzichtbarer Zeuge nicht rechtzeitig herbeigeschafft werden kann, muss der gesamte Prozess wiederholt werden.

In diesem Fall kam noch ein weiteres Problem hinzu, das in der Persönlichkeit des Zeugen selbst lag: Er hatte ja nicht rein zufällig an dem frühmorgendlichen Umtrunk bei Wladimir teilgenommen, auch er sprach gern häufig und viel dem Alkohol zu. Nach allem, was seine Mutter uns über ihn erzählt hatte, war Sascha eine durch und durch labile Person. Niemals, da waren wir Richter uns einig, würde er einer gerichtlichen Ladung aus Deutschland Folge leisten, wahrscheinlich würde er den Brief noch nicht einmal öffnen. In dieser Stimmung ratloser Unentschlossenheit erinnerten wir uns an Jana Schuster und ihren sehnlichsten Wunsch, ihren Sohn nach Deutschland zu holen. Wenn jemand es schaffen konnte, diesen Zeugen nach Deutschland zu locken, dann sie. Sie würde ihm deutlich machen können, welche Chance sich ihm da bot, legal nach Deutschland einzureisen. Nur so konnte es funktionieren.

Also luden wir Jana Schuster wieder vor, um sie mit unseren Überlegungen zu konfrontieren. Sie erkannte ihre Chance und willigte sofort ein. Also übergaben wir ihr die Vorladung für ihren Sohn, die er auch bei der deutschen Botschaft in Astana vorlegen sollte, um ein Visum zu erhalten. Sie buchte die Flüge und reservierte für sich und ihren Sohn ein Hotelzimmer. Die Kosten hierfür wurden von der Landeskasse übernommen – der Rechtsstaat kostet Geld.

Jetzt konnten wir nichts mehr tun, nur abwarten, ob Sascha tatsächlich zum anberaumten Vernehmungstermin erscheinen würde. Wir rechneten mit allem Möglichen, nicht aber damit, was schließlich geschah. Einen Tag vor dem Vernehmungstermin erreichte uns ein Schreiben der deutschen Botschaft in Astana, in dem uns mitgeteilt wurde, dass sie Sascha ein Visum verweigert hatten, da er betrunken im Botschaftsgebäude erschienen war. Es widerspräche den Interessen Deutschlands, diesen Mann nur für eine Zeugenaussage in einem Gerichtsverfahren einreisen zu lassen, da er vielleicht nicht wieder ausreisen würde. Nun wussten wir wenigstens, welche Wertigkeit die Anliegen eines Schwurgerichts und damit letztendlich des Rechtsstaates in den Augen der Botschaftsmitarbeiter besaßen.

Jana Schuster erschien wie verabredet zum Termin und bestätigte uns noch einmal die Vorkommnisse in der Botschaft. Sie hatte sich an alle Abmachungen gehalten, gescheitert ist unser Vorhaben allein an den reichlich zweifelhaften Ansichten der Botschaftsmitarbeiter. Ändern ließ sich daran nichts mehr. Wenigstens konnte uns niemand mehr vorwerfen, wir hätten nicht alles unternommen, um auch diese Zeugenvernehmung zu ermöglichen. Er war für uns einfach nicht erreichbar.

Wir verlasen in öffentlicher Sitzung die Niederschriften der früheren Vernehmungen, damit wir sie am Ende unserem Urteil zugrunde legen konnten. Was aber hatte Sascha bei der Polizei ausgesagt? Natürlich hat auch er zur Tathandlung selbst nichts gesagt, was den Angeklagten belastete. Dabei hatte er beim Dolchstoß unmittelbar neben dem Opfer gestanden, meiner festen Überzeugung nach musste er gesehen haben, wer zugestochen hatte. Immerhin lieferte uns seine Aussage aber wertvolle Hinweise auf ein Tatmotiv des Angeklagten, die sich zudem bestens in die bisherigen Beweisergebnisse einfügten. Sascha bestätigte zum einen die Angaben von Jerzy, wonach Wladimir und Alexej immer wieder »wegen Kleinkram« gestritten hatten und die Auseinandersetzungen mit zunehmendem Alkoholgenuss immer heftiger wurden. Aber wir erfuhren auch etwas entscheidend Neues: Sascha zufolge hatte Wladimir im Verlauf des Vormittags zweimal damit gedroht, Alexej umzubringen, wenn er nicht endlich sein »dreckiges Maul« halte. Offenbar hatte er seine Drohungen am Ende wahr gemacht.

In einem Indizienprozess kann jedes noch so winzige Detail von entscheidender Bedeutung sein. Ein solches kleines Mosaiksteinchen lieferte uns die letzte Zeugin, eine ältere Dame namens Regina Kramer. Die Deutschrussin, die bereits in den siebziger Jahren nach Deutschland gekommen war, bewohnte zum Zeitpunkt der Tat eine Wohnung in demselben Haus wie Wladimir. Und nicht nur das: Regina Kramer hatte Wladimir bei allen möglichen Verwaltungsangelegenheiten unterstützt. Er hatte Vertrauen zu ihr gefasst, nach ihren Schilderungen war sie für ihn eine Art Ersatzmutter. Als die Polizei nach der Tat an Wladimirs Wohnungstür klopfte, machte er zunächst nicht auf. Erst als Regina Kramer der Polizei anbot, es sie mal versuchen zu lassen, öffnete ein sichtlich angeschlagener Wladimir die Tür. Nach Angaben der Zeugin ließ er die Polizei nun, ohne zu zögern oder gar Widerstand zu leisten, in seine Wohnung. Aber er tat noch etwas anderes: Er wandte sich Regina Kramer zu, sagte leise und auf Russisch: »Können Sie bitte meine Wohnung abgeben, wenn die Polizei mich mitnimmt?«, und überreichte ihr gleichzeitig seinen Wohnungsschlüssel.

Hatte Wladimir sich in dieser Situation selbst verraten? Man konnte es so bewerten, ein Beweis für seine Schuld war es nicht. Dennoch erkannten wir in seiner Bitte an die alte Frau, die ihn unter ihre Fittiche genommen hatte, ein weiteres wichtiges Indiz für Wladimirs Täterschaft.

Der Rest des Prozesses war reine Routine und bestand im Wesentlichen darin, die verschiedensten Sachverständigengutachten entgegenzunehmen. Auch wenn wir zu keinem Zeitpunkt Zweifel daran hatten, dass der am Tatort gefundene Dolch die Tatwaffe war, musste dies vom Labor bestätigt werden. Schon das Fasergutachten des Landeskriminalamtes kam zu dem erwarteten

Ergebnis, dass Alexej tatsächlich damit getötet worden war. Zur Erläuterung führte der Sachverständige für forensische Textilkunde nun mündlich für uns Laien aus, dass die in der Bekleidung eines Menschen enthaltenen Textilfasern eine derart spezifische Zusammensetzung aufweisen, dass sie eine nahezu zweifelsfreie Zuordnung ermöglichen. Und die an der Klinge des Dolchs gefundenen Anhaftungen von Textilfasern gehörten zu den gleichen Stoffen wie die Kleidungsstücke des Opfers, durch die der Dolch in den Körper eingedrungen war. Natürlich wäre bei einem genau Gleichgekleideten dasselbe Resultat herausgekommen, doch statistisch betrachtet war exakt diese Faserkombination nur einmal in einer Million Fälle zu erwarten. In dieser Eindeutigkeit überraschte auch mich die Feststellung, sie war aber letztlich überzeugend.

Entscheidender für uns war, ob sich an der Tatwaffe auch Spuren gefunden hatten, durch die sich eine Verbindung zum Angeklagten herstellen ließ – also Fingerabdrücke oder DNA. Auch diese Frage wurde vom zuständigen Sachverständigen, einem anderen Biologen des Landeskriminalamtes, eindeutig bejaht. Die am Griff des Dolches gefundene DNA stammte mit einer statistischen Wahrscheinlichkeit von 1 zu 976 Milliarden von Wladimir. Auch das hieß aber nur, dass Wladimir den Dolch irgendwann in der Hand gehalten haben musste, etwa um ihn Freunden zu zeigen. Im Gesamtkontext stellte diese Erkenntnis aber durchaus ein wichtiges Indiz für die Täterschaft des Angeklagten dar.

Wie immer in unseren Verfahren schloss der Psychiater den Reigen der Sachverständigengutachten ab. In seelischer und geistiger Hinsicht hatte der über Wladimir nicht viel zu sagen. Wladimir hatte keine psychischen Defekte mit Krankheitswert, die seine Tat hätten begünstigen können. Der Psychiater stufte den Angeklagten als Konflikt- und Ausgleichstrinker ein. Dies leuchtete mir sofort ein, da es zu der Geschichte passte, wie wir sie in den Akten gelesen hatten. Für den Tatzeitpunkt – so der Sachverständige weiter – sei daher auch eine alkoholbedingte Einschränkung der Schuldfähigkeit nicht auszuschließen. Keinesfalls jedoch sei »seine Schuldfähigkeit vollständig aufgehoben« gewesen. Dies war für uns der entscheidende Satz.

Am Ende des Prozesses hatten wir keine ernsthaften Zweifel daran, dass Wladimir seinen Zechkumpan erstochen hatte. Alexejs Schwärmerei für den Lokalrivalen seines Lieblingsvereins hatte offenbar das Fass zum Überlaufen gebracht, nachdem sie schon vorher wiederholt wegen Bagatellen in sinnlose Streitereien geraten waren. So gedemütigt, wie sich Wladimir fühlte, seit Ludmilla ihn mit den Kindern verlassen hatte, brauchte es am Ende nur noch so wenig, um aus einem von Natur aus zurückhaltenden und sanften Menschen einen Schwerverbrecher zu machen. Ich bin mir ziemlich sicher, dass Wladimir nie einen Menschen umgebracht hätte, wäre er in Kasachstan geblieben. Auch wenn er Arbeit gefunden und es geschafft hätte, sich besser in seine neue Heimatgesellschaft zu integrieren, wäre es bestimmt nicht zu dem Totschlag gekommen. Es war der von Wladimir empfundene Verlust seiner Würde, der Alexej das Leben gekostet hatte. Doch dies zählte jetzt alles nicht mehr. Acht Jahre und sechs Monate Freiheitsstrafe befanden wir für tat- und schuldangemessen. Der Bundesgerichtshof hatte gegen unser Urteil nichts einzuwenden.

Der »Bastard«

Kai Bergen wurde kurz nach dem Zweiten Weltkrieg geboren, in einer Zeit also, die geprägt war von Orientierungslosigkeit und großer Not. Nach den Jahren der Entbehrungen hatte sich seine Mutter wie so viele andere nach mehr Leichtigkeit und Freude im Leben gesehnt. Auch sie wollte etwas von dem Kuchen abhaben, dessen Zutaten in Deutschland kurz nach dem Krieg gerade neu gemischt wurden. Diese Zutaten befanden sich nach dem Krieg in den Händen der alliierten Soldaten, sie waren es, die Zugang zu Zigaretten und Nahrungsmitteln hatten. Nicht zuletzt vor diesem Hintergrund ließ sie sich auf eine Beziehung zu einem amerikanischen Besatzungssoldaten ein. Schon nach wenigen Wochen stellte sie fest, dass sie von ihm schwanger war. Doch noch bevor Kai Bergen geboren wurde, kehrte sein Vater wieder zurück in seine Heimat. Kai sollte ihn erst viele Jahre später kennenlernen, viel zu spät, als dass selbst eine intensivere Vater-Sohn-Beziehung noch entscheidenden Einfluss auf sein Leben hätte nehmen – und eventuell das Schlimmste hätte verhindern können. Doch ohnehin blieben sich die beiden auch nach ihrer späten Begegnung fremd. Sein Vater war der erste von vielen Menschen, von denen

Kai Bergen sich im Lauf seines Lebens im Stich gelassen fühlte.

Wovon sich Kai Bergens Mutter ursprünglich eine Besserung ihres Lebensstandards erhofft hatte, war nun zu einem ernstzunehmenden Problem für sie geworden. Eine alleinstehende Frau mit einem Kind stieß in den 40er Jahren des vergangenen Jahrhunderts kaum auf gesellschaftliche Akzeptanz. Sie musste zügig handeln, um gar nicht erst in diesen Ruf zu kommen. Das gelang ihr, als sie einen Zollbeamten kennenlernte. Der Zollbeamte und seine Mutter heirateten, und in den nächsten Jahren bekam Kai Bergen drei Halbgeschwister. Sein autoritärer Stiefvater legte mehr Wert auf Strenge als auf Mitgefühl. Dazu kam, dass der »Soldaten-Bastard« für ihn nie wirklich zur Familie gehörte. Er musste für alles geradestehen, was aus welchen Gründen auch immer schieflief, tagtäglich musste er Schläge und Demütigungen einstecken.

Vielleicht hätte er die ihm in dieser Zeit zugefügten körperlichen und seelischen Qualen besser überstanden, wenn er es erlebt hätte, dass sich zumindest gelegentlich seine Mutter schützend vor ihn stellt. Doch dies geschah nie, sie überließ ihren Erstgeborenen ganz und gar der Willkür ihres Mannes, wahrscheinlich auch deshalb, weil sie froh sein musste, überhaupt einen Mann gefunden zu haben, der bereit gewesen war, sie zu heiraten. Sie konnte keine »Ansprüche« stellen. Kai Bergen hat bis heute nicht verstanden, warum nicht wenigstens seine Mutter für ihn eingetreten war, um ihn vor den Schlägen und der Ausgrenzung zu bewahren. Er hat das

Verhalten seiner Mutter zeitlebens als Verrat empfunden und nicht zuletzt sie dafür verantwortlich gemacht, dass er so etwas wie Geborgenheit und familiäre Harmonie nie erfahren hat.

Diese frühkindliche Prägung sollte ihn zeit seines Lebens nicht mehr loslassen, sie klebte an seiner Persönlichkeit, bis sie irgendwann mit ihr verschmolz. Der Zu-kurz-Gekommene, der gedemütigte und geschändete Mann, fing an, sich selbst als minderwertig zu empfinden. Diese Minderwertigkeitsgefühle und der Wunsch, sie zu überwinden und der Welt zu zeigen, dass er kein Versager war, wurden zur Triebfeder seines weiteren Lebens.

Die ersten Jahre seines Lebens hatte man ihm geraubt. Als Jugendlicher verspürte er nun den heftigen Drang, aufzuholen, was auf der Strecke geblieben war. Dafür reichte es ihm nicht, einfach irgendwann auf eigenen Füßen zu stehen, er wollte es rasch zu Erfolg und Wohlstand bringen. Doch er bemerkte schnell, dass eine Lehre als Bäcker ihm seinem Ziel nicht nahe genug bringen konnte. Einem wie ihm würde der angestrebte rasante gesellschaftliche und finanzielle Aufstieg nicht leichtgemacht werden. Im Gegenteil, er würde sich ihn weit härter erarbeiten müssen als andere. Auf normalem Wege, so dachte er resigniert, konnte er den empfundenen Rückstand niemals aufholen. Diese Erkenntnis war der Startschuss zu einer kriminellen Karriere. Wenn man ihm nicht freiwillig gab, wonach er sich so sehr sehnte, so wollte er es sich jetzt mit Gewalt nehmen. Er brach seine Lehre ab und beschaffte sich sein Geld künftig mit ganz erheblichen Straftaten, bei denen er auch vor

Gewalt nicht zurückschreckte. Er wurde immer wieder gefasst und verbüßte mehrere längere Haftstrafen. Die Zeit im Gefängnis nutzte er dazu, zunächst eine Ausbildung zum Werkzeugmacher sowie anschließend eine Lehre als Elektriker abzuschließen. In seinen Augen war er kein gewöhnlicher Verbrecher, er könnte auch ohne Straftaten erfolgreich sein, wenn man ihn nur endlich ließe.

Kai Bergen ging es auch weniger um materiellen Wohlstand als um menschliche Anerkennung. Entsprechend wollte er sich selbst, aber auch allen anderen beweisen, dass er ein besserer Vater sein würde, als sein Stiefvater es jemals gewesen war. Mit einer eigenen Familie wollte er sich endlich jene Harmonie und Geborgenheit schaffen, die ihm als Kind so sehr gefehlt hatten. Dem gutaussehenden und hochgewachsenen Mann fiel es nicht allzu schwer, die Zuneigung einer jungen Kindergärtnerin zu gewinnen, wenig später nahm sie seinen Heiratsantrag an. Kai Bergen und seine Frau wollten ein neues Leben beginnen, vor allem wollten sie seine kriminelle Vergangenheit vergessen machen. In dem Bewusstsein, dass er aufgrund seiner Vorstrafen in Westdeutschland kein Bein mehr auf die Erde kriegen würde, fassten sie den Entschluss, in eine Großstadt in Ostdeutschland zu ziehen, weit genug weg von ihrer Heimat, um von vorne anfangen zu können. Der Neustart gelang ihnen zunächst auch, Kai Bergen machte sich als Elektriker selbständig. Seine Frau brachte nicht nur vier Kinder zur Welt, sondern fungierte auch formal als Firmeninhaberin, weil er wegen seiner Vorstrafen nicht für die Firmenleitung in Frage kam, auch musste das Geschäftskonto auf ihren Namen laufen. In kurzer Zeit schloss sie mit der Wohnungsverwaltung eines großen Immobilienfonds mehrere Exklusivverträge zur Instandsetzung verschiedener Mietshäuser ab. Für die ständig erforderlichen Reparaturmaßnahmen verfügte Kai Bergen über einen Generalschlüssel, mit dem er auch die Türen der einzelnen Wohnungen öffnen konnte.

In einem der Häuser wohnte die 75-jährige Erna Klinger. Die Pilotenwitwe war in einer ostdeutschen Großstadt geboren, hatte die damalige sowjetisch besetzte Zone in Richtung Frankfurt am Main verlassen und dort fast ihr gesamtes Leben verbracht. Erst als ihr Mann starb, kehrte die noch immer lebenslustige Frau vor allem aufgrund des Drängens ihrer jüngeren Schwester an ihren Geburtsort zurück. Dank der üppigen Rente ihres verstorbenen Mannes konnte sie es sich gutgehen lassen. Ihrem Lebenswandel und auch ihrer Großzügigkeit merkte man einen gewissen Wohlstand an, selbst Fremden gegenüber machte sie keinen Hehl daraus, wie gut situiert sie war. Auch Kai Bergen, der gelegentlich Arbeiten an den maroden elektrischen Leitungen für sie erledigte, erzählte sie ihre Lebensgeschichte. Die ältere Dame mochte den hilfsbereiten Elektriker, der viel in ihrer Großwohnanlage zu tun hatte. Und für Kai Bergen war ihre Leidenschaft für die Fliegerei, die sie mit ihrem Mann geteilt hatte, der Inbegriff von Freiheit und Selbstbestimmung. So lag es nah, dass sie sich immer wieder auch längere Zeit bei Kaffee und Kuchen intensiv über ihre Gemeinsamkeiten austauschten.

Trotz seiner gelegentlichen Aufträge als Elektriker bestritt Kai Bergens Ehefrau mit ihrem sicheren Einkommen den Großteil des Familienunterhalts. Dafür hatte er mehr Zeit, sich seinen Kindern zu widmen. Er tat alles, um ein vorbildlicher Vater zu sein, nichts von dem, was er selbst erleben musste, mutete er seinen zwei Söhnen und zwei Töchtern zu. Er war für sie da, kein materieller Wunsch war so groß, dass er ihn abschlagen mochte. Um jeden Preis wollte er seinen Kindern eine bessere Zukunft bieten, auch wenn er dafür unter finanziellen Druck geriet. Er liebte seine Kinder, und sie liebten ihn. Sie standen weitgehend auf eigenen Beinen, als plötzlich ihre Mutter unter ungeklärten Umständen starb. Dieser Hintergrund des Falles war sehr mysteriös: Kai Bergen hatte immer gesagt, dass seine Frau gestorben war und er – auf ihren Wunsch – ihren Leichnam verbrannt und in alle Winde verstreut hatte. Obwohl Kai Bergen seine Unschuld beteuert, verdächtigt ihn die Polizei bis heute, seine Frau umgbracht zu haben. Die Ermittlungen verliefen jedoch ergebnislos.

Nach dem Tod seiner Frau sollte das Leben Kai Bergens eine entscheidende Wendung nehmen, durch die sich sämtliche in ihm angelegten charakterlichen Fehlbildungen in einem Maße steigern sollten, dass sein Leben außer Kontrolle geriet.

Alles begann damit, dass er Annemarie Knese kennenlernte, eine leitende Sparkassenangestellte. Vornehm und gut situiert erfüllte sie in seinen Augen alle Voraussetzungen dafür, ihn und sein verkorkstes Dasein aufzuwerten, ihn endlich in eine gesellschaftliche Schicht vordringen zu lassen, zu der er nie Zugang erhalten hatte, obwohl er dies aus seiner Sicht doch verdiente. Durch eine Beziehung zu dieser Frau könnte sich, so dachte Kai Bergen, für ihn die Tür in eine bürgerliche Existenz öffnen. Niemals aber würde sich diese Frau auf einen Mann einlassen, der es in seinem Leben noch zu nichts gebracht hatte, der zudem mehrfach vorbestraft war und mehrjährige Haftstrafen abgesessen hatte. Er musste sich also etwas einfallen lassen, sich eine virtuelle Vergangenheit zulegen, mit der er die Ansprüche einer solchen Frau zufriedenstellen konnte.

Zu diesem Zweck erschuf Kai Bergen eine Legende, für die er sich ausgerechnet seinen Stiefvater zum Vorbild nahm. Das war kaum Zufall, sondern Ausdruck des unerwidert gebliebenen Verlangens, von dem einzigen Vater, den er kannte, geliebt und anerkannt zu werden. Während er seinen Stiefvater schon früh zu hassen gelernt hatte, sehnte er sich innerlich danach, sich trotz allem mit ihm zu identifizieren. Zudem hatte ihm stets dessen Beruf imponiert, der für ihn mit materieller Sicherheit und gesellschaftlichem Ansehen verbunden war. Für Annemarie Knese verwandelte sich Kai Bergen nun in einen ehemaligen Zollbeamten, der während eines dienstlichen Einsatzes so schwer verletzt worden war, dass er sich wegen Dienstunfähigkeit frühzeitig pensionieren lassen musste, der von seiner hohen Pension aber gut leben konnte und sich mit dem Elektrikerbetrieb ein kleines Zubrot verdiente.

Seine kriminelle Vergangenheit erwähnte er mit keinem Wort, erst im Verlauf der Gerichtsverhandlung erfuhr seine Lebensgefährtin, auf wen sie sich wirklich eingelassen hatte. Sie konnte bis zuletzt nicht fassen, dass sie jahrelang auf ein »Phantom« hereingefallen war. Für uns Richter war deutlich spürbar, dass es Anne-

marie Knese peinlich war, in der öffentlichen Beweisaufnahme über ihre Vergangenheit mit diesem Mann
sprechen zu müssen. Jeder konnte so mitbekommen,
dass sie ein intimes Verhältnis zu einem Kriminellen
gehabt hatte, der darüber hinaus jetzt unter Verdacht
stand, einen Mord begangen zu haben. Viele sehr private Details würden an die Öffentlichkeit dringen. Uns
war ihre prekäre Lage bewusst, dennoch war es unver-
zichtbar, sie als Zeugin zu befragen, denn sie hatte dem
Angeklagten über lange Zeit am nächsten gestanden
und ihn dadurch sehr gut kennengelernt.

Ohne Geständnis und Augenzeugen kann ein Verbrechen nur anhand von Indizien aufgeklärt werden. Es
ist dann die Aufgabe des Gerichts, die Indizien im Hinblick auf Urteil und Strafzumessung zu bewerten. In
solchen Indizienprozessen kommt es auch auf kleinste
Facetten der Persönlichkeit und Einzelheiten im Leben
des Angeklagten an. Nicht selten ergibt sich aus ihnen
etwa ein Motiv für die zu untersuchende Tat. Ebenso
können wir aber auch auf Dinge stoßen, die gegen eine
Täterschaft des Angeklagten sprechen. Es ist deshalb die
Pflicht des Gerichts, diese Umstände aufzuklären, auch
wenn dadurch manche Zeugen zum zweiten Mal zum
»Opfer« werden. Die Befragung der Zeugin Annemarie
Knese hat uns dann auch tatsächlich wertvolle Hinweise
auf ein mögliches Motiv von Kai Bergen geliefert.

Annemarie Knese erzählte uns zunächst vom Beginn
ihrer Beziehung zu Kai Bergen, auch davon, wie er sich
als frühpensionierter Zollbeamter ausgegeben hatte. Anfangs lebten sie noch in getrennten Wohnungen, aber es
dauerte nicht lange, bis sie sich entschlossen, ein Haus

am Stadtrand zu beziehen. Das richteten sie gemeinsam neu ein und teilten sich die Kosten hierfür. Auf finanzielle Aspekte, so hatte Annemarie Knese gedacht, müsse ja nicht geachtet werden, weil ja angeblich beide über ein gutes Einkommen verfügten. Dass Kai Bergen in Wirklichkeit keine Beamtenpension bezog und das Geschäftskonto seines kleinen Betriebes laufend überzogen war, konnte sie nicht wissen. Kai Bergen musste konsequent bleiben und der Erwartung gerecht werden, wirtschaftlich potent zu sein. Er widersprach also nicht, als sie ein hübsches Haus anmieteten, es mit teuren Möbeln und einem schicken Carport ausstatteten und es sich auch sonst an nichts fehlen ließen. Immer erbrachte Kai Bergen seinen Anteil. Zu der Rolle seines Schauspiels gehörte zudem, seiner Partnerin immer wieder teure Geschenke zu machen. Hier wurde ein Teil seiner Persönlichkeit deutlich, von dem bereits die Rede war: seine feste Überzeugung, eigentlich mehr zu verdienen, als er sich leisten konnte. »Mehr« sein zu wollen, als er tatsächlich war. Auch gegenüber Freunden zeigte er sich stets freigebig, um den Schein aufrechtzuerhalten. Ein befreundetes Ehepaar, das wir als Zeugen vernommen haben, war voll des Lobes über Kai Bergens Großzügigkeit und seine menschliche Wärme. Unter keinen Umständen hätten sie ihm einen Mord zugetraut.

Dieses »Scheinleben« konnte nicht lange gutgehen. Eine Weile finanzierte er es auf Pump, doch immer häufiger gelang es Kai Bergen nicht mehr, aufgerissene Finanzlöcher zu stopfen. Zudem konnte er manchen der selbst eingegangenen Verpflichtungen nicht mehr nachkommen. Die Anlässe häuften sich, in denen er mit fadenscheinigen Erklärungen auch seine Lebensgefährtin um Geld bat. Kai Bergen hob langsam seinen Schleier. Die Geldanfragen und Ausreden kamen Annemarie Knese zwar eigenartig vor, aber wie so oft in solchen Fällen hinterfragte auch sie ihr Störgefühl nur halbherzig. Sie lieh ihm das benötigte Geld, das er – zumindest anfangs – auch wie vereinbart zurückzahlte.

Im Verfahren ergab sich der Verdacht, dass Kai Bergen auch in dieser Zeit schon einmal der Verlockung erlag, zur Geldbeschaffung seinen Generalschlüssel einzusetzen, in Abwesenheit der Mieter in deren Wohnung nach Geld zu suchen. Eine Mieterin sagte aus, dass jemand versucht habe, mit einem Schlüssel in ihre Wohnung einzudringen. Derjenige habe zunächst geklingelt, doch da sie gerade aus der Dusche gekommen sei, habe sie nicht geöffnet. Als sie dann hörte, wie ein Schlüssel ins Schloss gesteckt wurde, stemmte sie sich mit aller Kraft von innen gegen die sich öffnende Wohnungstür. Der potentielle Eindringling brach sein Vorhaben sofort ab, zog den Schlüssel heraus und verschwand. Die Mieterin zog sich schnell etwas über, um die Verfolgung aufzunehmen, und traf im Innenhof auf den ihr bekannten Elektriker Kai Bergen. In dem Moment ahnungslos, erzählte sie ihm, was vorgefallen war, und fragte ihn, ob er sich dies erklären könne. Er tat völlig unbeteiligt und berichtete ihr, dass die Telekom im Haus gegenwärtig Anschlüsse überprüfe, sicher sei es einer der Techniker gewesen. Mit dieser Antwort gab sie sich zufrieden, zog aber kurze Zeit später um. Solche Überprüfungen hatte es nie gegeben, zudem verfügen Telekom-Mitarbeiter nicht über General- oder Zweitschlüssel.

Weiter gingen wir der Sache nicht nach, denn sie war nicht der einzige Hinweis darauf, dass Kai Bergen finanziell unter enormem Druck stand.

Zum Eklat mit seiner Lebensgefährtin kam es, als Kai Bergen die EC-Karte von Annemarie Knese benutzte und mit ihrem Geld ein paar seiner offenen Rechnungen beglich. Als sie ihn zur Rede stellte, erhielt sie von ihm aber nur windige Erklärungen, wofür er das Geld gebraucht habe. Dieser erhebliche Vertrauensbruch zusammen mit dem zunehmenden Gefühl, dass Kai Bergen keine Gewähr mehr für die Solidität bot, die er ihr zu Beginn ihrer Beziehung noch suggeriert hatte, führte sie zu dem Entschluss, sich vorerst von ihm zu trennen. Dies war ein herber Schlag für ihn. Erneut drohte ihm der Verlust all dessen, was ihm besonders wichtig war, insbesondere die Vertrautheit und Geborgenheit einer Beziehung sowie die über Annemarie Knese vermittelte gesellschaftliche Stellung.

Mit allen Mitteln wollte er diese Beziehung retten, er wollte nicht wieder der Verlierer sein. Dringender als je zuvor brauchte er Geld, und zwar so schnell wie möglich. Wenn er die Beziehung zu Annemarie retten wollte, musste er zu alten »Tugenden« zurückkehren, vor allem aber seine Schulden bei ihr begleichen. Schnelles Geld, wurde ihm in Erinnerung an sein früheres Leben erneut bewusst, gab es für ihn nur durch Straftaten. Da lag der Gedanke nicht fern, sein Glück bei der Pilotenwitwe Erna Klinger zu versuchen. Hatte sie doch immer von ihrer hohen Rente geredet. Also müsste bei ihr etwas zu holen sein, alte Leute bewahrten doch oft ihr Erspartes zu Hause auf. Um Geld bitten konnte er sie natürlich nicht, aber er verfügte ja über einen Generalschlüssel.

Aus den vielen gemeinsamen Gesprächen und seinen Beobachtungen bei der Arbeit kannte Kai Bergen die Gewohnheiten von Erna Klinger sehr genau. Er wusste, wann sie morgens in etwa aufstand, zudem war ihm – wie auch den anderen Nachbarn – bekannt, dass sie nach einem Mittagsschlaf das Haus verließ und sich in einem auf der anderen Straßenseite gelegenen Kiosk die örtliche Tageszeitung besorgte. In diesem Kiosk hielten sich jeden Nachmittag zwei ältere Damen auf, mit denen Erna Klinger gerne noch einen Kaffee trank und ein wenig »quatschte«. Falls notwendig, erledigte sie danach noch kleinere Einkäufe in einem Supermarkt am anderen Ende der Straße.

Wie jeden Dienstagnachmittag begab sich Kai Bergen zu dem Wohnhaus von Erna Klinger. Er ging davon aus, dass er, sollte er von den Bewohnern gesehen werden, nicht besonders auffallen würde, weil er an diesem Tag immer seine Leitungsarbeiten in diesem Haus erledigte. Anders als gewöhnlich begann Kai Bergen an diesem Tag aber nicht mit seinen Verrichtungen, sondern stellte sich mit seinem Auto so vor die Eingangstür, dass er Erna Klinger beim Verlassen des Hauses sehen konnte. Gegen 14 Uhr sah er sie, wie sie erwartungsgemäß aus dem Haus kam und in Richtung Kiosk ging.

Was er indes nicht wissen konnte: Erna Klinger war gesundheitlich angeschlagen. Sie war einige Tage zuvor gestürzt und hatte sich eine Rippe gebrochen. Aus diesem Grund wollte sie an diesem Tag nur ganz schnell die Zeitung holen, kleinere Besorgungen machen und anschließend ohne Kaffeeklatsch nach Hause zurückkehren. Kai Bergen hatte also keine Ahnung, dass er deutlich weniger Zeit als erwartet haben würde, um in ihrer Wohnung nach Bargeld und Wertsachen zu suchen. Er ging zu ihrer Wohnung, öffnete die Tür mit seinem Generalschlüssel und sah sich in der vertrauten Umgebung nach möglichen Verstecken um. Dabei ging er sehr behutsam vor, die später am Tatort eingesetzte Spurensicherung sollte keinerlei Hinweise hierfür finden. Als Kai Bergen gerade eine Geldkassette mit etwa 500 Euro Bargeld geöffnet und das Geld an sich genommen hatte, hörte er, wie Erna Klinger in ihre Wohnung zurückkehrte. Plötzlich in Panik darüber, jeden Moment von ihr entdeckt zu werden, versteckte er sich in der nur durch einen Vorhang von der Küche abgegrenzten Abstellkammer. Dabei hegte er wohl die Hoffnung, dass er die Wohnung unbemerkt verlassen konnte, sobald Erna Klinger in einem anderen Zimmer beschäftigt war. Doch diese Rechnung ging nicht auf, denn einen Teil ihrer Einkäufe wollte sie gleich in der Abstellkammer deponieren. Dazu zog sie den Stoffvorhang zur Seite und erstarrte vor Schreck zur Salzsäule, als sie Kai Bergen dort stehen sah. In dieser Lage konnte er sich keine Illusionen darüber machen, dass sich seine Anwesenheit in der Wohnung plausibel erklären ließe. Auch Erna Klinger erfasste die Situation schnell und begriff, dass Kai Bergen in ihrer Wohnung keine lauteren Absichten verfolgte. Seine Anwesenheit konnte nur den Grund haben, dass er sie beklauen wollte.

Wie es ihrem impulsiven Naturell entsprach, machte sie auch ihm gegenüber keinen Hehl daraus, dass sie ihn auf frischer Tat ertappt habe und jetzt die Polizei verständigen werde. Er – Kai Bergen – werde schon sehen, wohin ihn das führen werde.

Für Kai Bergen konnte kein Zweifel daran bestehen, dass er aus dieser Situation nicht ungeschoren davonkommen würde. Bei seinen Vorstrafen käme er um eine erneute Gefängnisstrafe nicht herum. Vor allem ließe sich seine reale Vergangenheit nicht länger verheimlichen, und die Beziehung zu Annemarie Knese war unrettbar verloren. Sein einziger Ausweg war, die »einzige Zeugin« zum Schweigen zu bringen. Blitzschnell schlug er die alte Frau mit mehreren Faustschlägen zu Boden, griff instinktiv nach einem im Vorratsraum aufbewahrten Schraubenzieher und stach ihr einige Male in den Brustkorb. Ihr Todeskampf dauerte noch einige Minuten, Kai Bergen ließ erst von ihr ab, als Erna Klinger kein Lebenszeichen mehr von sich gab. Den Schraubenzieher ließ er in ihrer Brust stecken. Nachdem er sich vergewissert hatte, dass sie tot war, zog er im Wohnzimmer die Couch so weit von der Wand, dass er den leblosen Körper der Frau dahinter verbergen konnte. Dazu packte er sie an den Unterarmen und schleifte sie über den Boden. Anschließend beseitigte er die Kampfspuren und reinigte die Fliesen in der Küche. Auf den ersten Blick waren in der Wohnung nun keine Hinweise auf ein Gewaltverbrechen mehr sichtbar. Jeder Krimileser weiß, dass die polizeilichen Ermittlungen umso schwerer sind, je länger es dauert, bis die Tat entdeckt wird.

Kai Bergen verließ den Tatort, begab sich in seine Wohnung, duschte und trank einen Kaffee. Von dort aus fuhr er zu seinem Zahnarzt, um im Rahmen der Prophylaxe eine professionelle Zahnreinigung vornehmen zu lassen. Nach einer kurzen Wartezeit wurde er aufgerufen, obwohl er keinen Termin hatte. Im Anschluss daran bemühte er sich um einen Massagetermin bei seinem Physiotherapeuten, dort hatte man allerdings keine Zeit für ihn. Am Abend brach er frisch rasiert und geduscht und mit einem Strauß Blumen in der Hand in Richtung Annemarie Knese auf. Er wollte sich mit ihr versöhnen und ihr zu diesem Zweck als Erstes zusammen mit den Blumen das geschuldete Geld übergeben. Zunächst noch reserviert, wie sie uns erzählte, freute sie sich aber dann doch über seinen Besuch und ließ ihn herein. Nach ihrer Aussage verbrachten sie einen angenehmen Abend zusammen, ohne dass ihr etwas Besonderes an ihm auffiel. Er sei liebevoll wie immer gewesen.

Bevor Kai Bergen sich seinem Hauptanliegen widmen konnte, seine Lebensgefährtin zurückzuerobern, hatte er sich erkennbar darum bemüht, Alibizeugen zu gewinnen. Wie konnte er der Täter sein, wenn er im Tatzeitraum beim Zahnarzt war? Geht ein Mörder unmittelbar nach der Tat erst zum Zahnarzt und anschließend zum Masseur? In der Tat: Wir haben alle diese Zeugen vernommen und mussten uns auch sehr intensiv mit der Beantwortung dieser Fragen auseinandersetzen. Die uns von den Rechtsmedizinern vermittelten Erkenntnisse zum Todeszeitpunkt und die von Kai Bergen nachweislich zurückgelegten Wege und absolvierten

Termine schlossen ihn als Täter zumindest nicht aus. Insoweit hatte seine Strategie also keinen Erfolg. Erna Klinger wurde am nächsten Morgen von ihrer besorgten Schwester und einem Freund gefunden. In ihrer Brust steckte noch immer der Schraubenzieher. Polizei und Staatsanwaltschaft nahmen sofort die Ermittlungen wegen eines Tötungsdeliktes auf.

So oder so ähnlich hat sich die Tat mit hoher Wahrscheinlichkeit zugetragen. Und trotzdem: Wir – das zuständige Schwurgericht – haben Kai Bergen freigesprochen. Wie ist es zu diesem Freispruch gekommen?

Schon früh fokussierten sich die Ermittlungen auf Kai Bergen. Die Polizei hatte herausgefunden, dass er regelmäßig als Elektriker in dem vom Tatopfer bewohnten Wohnhaus Arbeiten verrichtete. Da genügte dann für den Anfangsverdacht – machen wir uns nichts vor – ein Blick ins Vorstrafenregister. Hinzu kam, dass sich Kai Bergen bei seinen ersten Vernehmungen in kleinere Widersprüche verwickelte. So gab er zunächst an, das Grundstück bereits verlassen zu haben, bevor Erna Klinger von ihrem Einkauf zurückgekehrt war. Als er damit konfrontiert wurde, dass ein Bekannter Kai Bergens sowohl sein Auto als auch ihn vor der Tür des Hauses gesehen hatte und zeitlich präzise Angaben dazu machen konnte, korrigierte er seine eigenen Zeitangaben um einige Minuten. Solche widersprüchlichen Aussagen, seine Vorstrafen sowie der Umstand, dass er über einen Generalschlüssel verfügte, machten Kai Bergen in den Augen der Polizei sehr schnell zum Hauptverdächtigen. Demzufolge beantragte die Staatsanwaltschaft den Erlass eines Haftbefehls, der vom zuständigen Amtsgericht auch sofort erlassen wurde. Kai Bergen kam in Untersuchungshaft.

Für die Überführung von Straftätern kommt der menschlichen DNA eine immer größere Bedeutung zu. Mit der Analyse von DNA-Spuren können sogar jahrzehntealte Kriminalfälle aufgeklärt werden. Auch hier sollte der sogenannte »genetische Fingerabdruck« das fallentscheidende Beweismittel werden. Den Kriminaltechnikern des Landeskriminalamtes war es gelungen, am Tatort DNA-Spuren sicherzustellen, die nicht vom Opfer stammen konnten. Diese Spuren fanden sich zum einen an den Unterarmen des Tatopfers, also dort, wo der Täter sein Opfer aller Wahrscheinlichkeit nach angefasst hatte, um es hinter das Sofa zu schleifen. Auch am Tatwerkzeug, dem Schraubenzieher, fand sich DNA, die nicht dem Opfer zuzuordnen war. Also beauftragte die Staatsanwaltschaft einen Rechtsmediziner mit der Erstellung eines Gutachtens. Dabei ging es – kurz gesagt – um die Frage, ob sich die gefundenen Spuren eindeutig Kai Bergen zuordnen ließen.

An dieser Stelle ist es wichtig, einige Worte zu der Rolle von Sachverständigen in einem Strafprozess zu verlieren. Es dürfte für jeden ersichtlich sein, dass Richter in vielen entscheidenden Fragen insbesondere aus dem Bereich der Medizin, der Chemie und der Biologie nicht über das nötige Fachwissen verfügen. Zu deren Beantwortung muss sich das Gericht der Hilfe von Sachverständigen bedienen. Ohne die Mitwirkung zumindest eines Sachverständigen ist ein Schwurgerichtsprozess in heutigen Zeiten undenkbar. In jedem dieser Verfahren sollte mindestens ein Rechtsmediziner oder ein Psychiater zu finden sein. Die Aufgabe der Sachverständigen besteht also darin, das Gericht bei seiner Arbeit zu unterstützen, indem sie ihr fundiertes Wissen zur Verfügung stellen. Das entbindet die Richter allerdings nicht von der eigenen Pflicht und Verantwortung, die gelieferten Ergebnisse ausreichend zu hinterfragen. Auch Experten können Fehler unterlaufen, zudem sind sie auf dem juristischen Gebiet Laien, was manchmal auch zu einem falschen Verständnis ihrer Funktion innerhalb des Strafprozesses führt.

Auf das zuletzt angesprochene Problem stießen wir in diesem Fall. Fast schien es, als hätte der Sachverständige es sich auf die Fahnen geschrieben, den Angeklagten als Täter zu überführen, anstatt, wie es eigentlich seine Aufgabe gewesen wäre, unabhängig und sachlich über die Spuren an der Leiche und die Resultate der DNA-Analyse zu berichten. Das von ihm vorgelegte Gutachten wies eine so ausgeprägte Belastungstendenz auf, die es nach unserer Überzeugung über weite Strecken unbrauchbar machte. Es nahm mehrere Verhandlungstage in Anspruch, bis sich folgendes Bild ergab: Bei allen gesicherten DNA-Spuren handelte es sich um sogenannte Mischspuren, um Spuren also, die von mindestens zwei Personen verursacht worden waren. Diese nicht eindeutigen Spuren belegten letztendlich nicht mehr, als dass Kai Bergen als Verursacher der Spuren am Körper der Getöteten nicht ausgeschlossen werden konnte. Statistisch betrachtet kamen, bezogen auf die Einwohnerzahl einer mittleren Großstadt, etwa

200 weitere Männer als Träger dieses DNA-Musters und damit als Täter in Betracht. Hinzu kam, dass die Spur am Schraubenzieher schon deswegen keine Aussagekraft besaß, weil – wie die Beweisaufnahme unstreitig erbracht hatte – Kai Bergen genau dieses Werkzeug bei Installationsarbeiten in Erna Klingers Wohnung einige Wochen zuvor benutzt hatte.

Kann man einen Angeklagten auf der Grundlage einer solchen Spurenlage lebenslang ins Gefängnis schicken, weil die Indizien auf ihn als wahrscheinlichen Täter wiesen? Wir haben diese Frage nach reiflicher Überlegung mit Nein beantwortet, weil wir der Auffassung waren, dass, nach einer Formel des Bundesgerichtshofes, nicht »alle vernünftigen Zweifel schwiegen«. Auch wenn die Zeugenvernehmung von Annemarie Knese ein mögliches Tatmotiv zutage gefördert hatte, reichten uns die geringfügigen Widersprüche in der Einlassung des Angeklagten und die Tatsache, dass er sich wegen seines Generalschlüssels Zugang zur Wohnung des Opfers verschaffen konnte, nicht für eine Verurteilung aus.

Mit ausschlaggebend für unsere Entscheidung, Kai Bergen freizusprechen, war die diffuse Beweislage hinsichtlich der DNA. Die wollten wir schon allein deshalb nicht außer Betracht lassen, da während der Ermittlungen ein weiterer möglicher Täter die Bühne des Geschehens betreten hatte.

Bei Erna Klinger wurde eine Art Tagebuch gefunden, in dem sie in knappen Worten notiert hatte, wie es ihr an dem jeweiligen Tag ergangen war und was sie erlebt hatte. Meist ging es um ihre Gesundheit, es gab Einträge wie »Es geht mir wieder besser« oder »Heute tut mir mein

Bein sehr weh«. Wenige Tage vor ihrem Tod hatte sie jedoch ein besonderes Erlebnis festgehalten: »Habe heute einen netten jungen Mann kennengelernt und mit ihm einen Kaffee getrunken.« Ihre Schilderungen zeigten deutlich, wie sie diese unerwartete Begegnung genossen hatte. Das bestätigte uns auch ihre Schwester, der sie noch am selben Tag voller Stolz am Telefon von ihrem Erlebnis erzählt hatte. Trotz aller Mühen gelang es nicht, die Identität dieses »fremden Mannes« aufzuklären, der Erna Klinger nur wenige Tage vor ihrem gewaltsamen Tod so nahegekommen war. An dessen Existenz hatten wir aber keinerlei Zweifel. Auch konnten wir angesichts der vielfach bescheinigten aufgeschlossenen Art Erna Klingers davon ausgehen, dass sie diesem Fremden einiges aus ihrem Leben erzählt hatte und nicht auf die Idee gekommen wäre, ihm den Eintritt in ihre Wohnung zu verwehren. So banal es klingt, der »unbekannte Mann« als möglicher Täter war zu realistisch geworden, um ihn ignorieren zu können. Nicht zuletzt vor diesem Hintergrund reichte uns in der Gesamtbetrachtung die Beweislage nicht für eine Verurteilung Kai Bergens zu einer lebenslangen Haftstrafe aus.

Als wir in Anwesenheit einiger Verwandter von Erna Klinger den Freispruch verkündeten, ging ein Raunen durch den Sitzungssaal. Die Angehörigen konnten es nicht fassen, dass wir Erna Klingers Tod ungesühnt lassen wollten und der ihrer Meinung nach sichere Täter ungeschoren davonkommen sollte.

In solchen Situationen wird uns besonders bewusst, dass ein Freispruch aufs Heftigste die Gefühle der Angehörigen des Opfers verletzt. Ihre Trauer verlangt nach Sühne, sie wollen, dass der Täter für sein schreckliches Verbrechen und damit für ihren Verlust zur Verantwortung gezogen wird. Jedes andere Ergebnis ist für sie nicht akzeptabel und wie ein »zweiter Tod« des Menschen, den sie so schmerzlich vermissen. Es versteht sich von selbst, dass wir, so schwer es uns manchmal auch fällt und so schwer die juristischen Umstände hierfür zu erklären sind, uns von diesen Stimmungen nicht leiten lassen dürfen. Eigene Betroffenheit ist kein guter Ratgeber, erst recht nicht, wenn es darum geht, über eine lebenslange Freiheitsstrafe zu entscheiden.

Die Geschichte des Falles ist damit nicht zu Ende erzählt, denn der Bundesgerichtshof hat unseren Freispruch auf Revision der Staatsanwaltschaft aufgehoben und das Verfahren zur erneuten Verhandlung an eine andere Strafkammer des Landgerichts zurückverwiesen. Ein wesentliches Argument des Bundesgerichtshofes lässt sich wie folgt zusammenfassen: Aus dem Vorleben des Angeklagten ergibt sich, dass ihm Taten der hier vorliegenden Art nicht wesensfremd gewesen sind. Das zuständige Landgericht hätte sich daher mehr mit den Vorstrafen auseinandersetzen müssen. Verkürzt heißt dies: »Einmal Täter, immer Täter.« Mich überzeugt dieses Argument nicht.

Inzwischen hat die andere Strafkammer Kai Bergen zu einer lebenslangen Haftstrafe verurteilt. Auch dieses Gericht hat in der Verhandlung nicht mehr herausbekommen als wir. Damit stand den dortigen Richtern lediglich das von uns bereits ermittelte Tatsachenmaterial zur Verfügung. Sie sahen es jedoch als ausreichend für eine Verurteilung an. Diesmal war es Kai Bergen, der Revision einlegte – allerdings ohne Erfolg.

Der schwedische Patient

Professor Christoph Bloching hatte sich als Facharzt für Neurologie bereits international einen Namen gemacht, bevor ihn eine Klinik, die sich auf neurologisch schwerstgeschädigte Patienten und deren Rehabilitation spezialisiert hatte, mit der Position des Chefarztes betraute. Dem Träger des Bundesverdienstkreuzes eilte in der Fachwelt der Ruf voraus, eine echte Kapazität auf dem Gebiet der Rehabilitationsmedizin zu sein. Allein durch seine Berufung steigerte auch die Klinik ihr Renommee erheblich. Das hieß allerdings nicht, dass Professor Bloching innerhalb der Klinik mit offenen Armen empfangen wurde. Zu seinen »Kritikern« gehörte von Anfang an die Neurochirurgin Dr. Marianne Ax. Seit der Vorgänger von Professor Bloching angekündigt hatte, die Klinik zu verlassen, hatte sich Dr. Ax Hoffnung auf den Chefarztposten gemacht. Doch nun setzte man ihr erneut jemanden vor die Nase. Nicht nur fühlte sie sich gedemütigt, sie war auch des Traumes vom baldigen großen Geld beraubt.

Aber Dr. Ax war nicht nur aus Karrieregründen unzufrieden mit ihrem neuen Chef. Sie sah sich – wenn auch zu unrecht – ebenso menschlich übervorteilt. Die alleinerziehende Mutter hatte in früheren Jahren erst einmal keinen Versuch unternommen, höhere Positionen zu erklimmen und sich stattdessen im Personalrat für die Kleinen, Schwachen und Unterdrückten eingesetzt. Allerdings zeigte sie sich in dieser Position als sehr streitbar. Vor allem jeglichen Neuerungen stand sie nicht nur skeptisch, sondern regelrecht ablehnend gegenüber. Diese Haltung konnte mit einem neuen Chef, der schon bei seinem Antritt verkündete, einiges grundsätzlich verändern zu wollen, nur schwerlich harmonieren.

Während einige Mitarbeiter die Behandlungsmethoden des neuen Chefs dankbar annahmen und schnell merkten, dass sie von seinem Wissen und seiner Erfahrung würden profitieren können, stellte die Kollegin Ax die Sichtweisen und Anordnungen des Chefs in fast jeder Dienstbesprechung vor versammelter Mannschaft in Frage. Teilweise hatte Professor Bloching den Eindruck, als wartete seine Widersacherin nur darauf, dass er einen Fehler beging.

Während dieser Zeit, in der an der Klinik ein Klima der Feindseligkeit und des Misstrauens herrschte, ereignete sich im fernen Schweden ein tragischer Verkehrsunfall. Der dreißigjährige Per Larsson, Sohn einer alteingesessenen und sehr wohlhabenden Industriellenfamilie, sportlich, beruflich erfolgreich und mit Freunden auf der ganzen Welt, war mal wieder mit seinem Motorrad unterwegs, als ihn ein Auto erfasste und so schwer verletzte, dass er unter normalen Umständen noch an der Unfallstelle verstorben wäre. Dass er vorerst überlebte, lag allein daran, dass ihm durch einen glücklichen Zufall sehr schnell professionelle medizinische Hilfe zuteil wurde. Er konnte rechtzeitig wiederbelebt werden, und die künstliche Beatmung hielt seine Vitalfunktionen aufrecht. Allerdings war bei dem Unfall seine Medulla oblongata, das verlängerte Mark, durchtrennt worden. Das verlängerte Mark ist der hinterste Gehirnteil und gehört zum Hirnstamm und damit zum zentralen Nervensystem. Dieser Teil des menschlichen Gehirns kontrolliert vor allem den Blutkreislauf und die Atmung; sein Ausfall bedeutet in aller Regel den Tod des Menschen. Trotz dieser eindeutigen Diagnose sollte es aber noch ein langer und beschwerlicher Weg durch ein Strafverfahren vor unserer Kammer werden, bis tatsächlich alle Beteiligten die medizinisch eindeutigen Konsequenzen dieser Diagnose verinnerlicht hatten.

Per Larsson lag im Koma, war vollständig gelähmt und würde es zeitlebens bleiben, zudem musste er künstlich beatmet und ernährt werden. Die verzweifelten Eltern unternahmen alles, um ihrem Sohn zu helfen. Sie wollten ihm die bestmögliche medizinische Versorgung verschaffen, Geld spielte dabei keine Rolle. Doch auch in den besten Kliniken Schwedens verbesserte sich der Gesundheitszustand ihres Sohnes nicht, weshalb die Eltern dazu übergingen, sich auch im Ausland nach Experten umzusehen. Bei ihren Recherchen stießen sie unweigerlich auf Professor Bloching, der sich genau auf diese Art schwerstgeschädigter Patienten spezialisiert hatte, zu der ihr Sohn nach dem Verkehrsunfall gehörte. Sie nahmen Kontakt zu ihm auf, und Professor Bloching erklärte sich umgehend bereit, ihren Sohn zu behandeln. Ohne lange Verhandlungen einigten sie sich bezüglich der Behandlungskosten, die Pers Eltern vollständig aus eigener Tasche zahlen wollten, anschließend wurde der baldige Transport des Patienten organisiert.

Zu den Ärzten und Therapeuten, die sich des schwedischen Patienten annahmen, gehörte auch Dr. Ax. Das Behandlungskonzept von Professor Bloching sah unter anderem vor, dass die Patienten so oft wie möglich Kontakt zu nahen Angehörigen haben, weil dies seiner Erfahrung nach in vielen Fällen den Heilungsprozess fördert. Deshalb hatte er mit den Eltern vereinbart, dass mindestens ein Mitglied der Familie ständig bei Per am Krankenbett verweilen sollte. Diese Vereinbarung hielt Pers Familie über Monate ein, es verging kein Tag, an dem nicht zumindest ein Mitglied der Familie für ihn da war.

Der Therapieansatz von Professor Bloching hatte zu Anfang auch Erfolg: Per erwachte aus dem Koma und war zumindest über einige Wochen in der Lage, über eine sogenannte Buchstabentafel mit anderen Menschen zu kommunizieren. Da er ausschließlich seine Augen bewegen konnte, musste er seinen Blick auf den richtigen Buchstaben einer Tafel richten, der Gesprächspartner nannte dann den vermuteten Buchstaben, der dann von Per bestätigt oder aber verworfen wurde. Diese sehr mühsame Methode ermöglichte ihm im Laufe der Zeit zumindest eine rudimentäre Verständigung mit der Außenwelt. Pers Allgemeinzustand besserte sich sogar so weit, dass die behandelnden Ärzte den Versuch unternahmen, die künstliche Beatmung deutlich niedriger einzustellen, um die eigene Lungentätigkeit des Patienten anzuregen. Doch schon wenige Tage später musste die Beatmung wieder auf die höchste Stufe gestellt werden.

Sicher: Durch diese auf den ersten Blick günstige Entwicklung konnte bei manch einem der Eindruck entstanden sein, dass Per über den Berg war und nun Schritt für Schritt weiter genesen würde. Auch die Eltern dürften in dieser Zeit wieder Hoffnung geschöpft haben. Streng medizinisch betrachtet war Pers Zustand aber nach wie vor hoffnungslos. Es dauerte auch nicht lange, bis sich Pers Gesundheit sukzessive wieder verschlechterte. Es begann damit, dass er selbst seine Zuversicht einbüßte und damit auch die mentale Kraft, sich gegen seine Krankheit zu stemmen.

In allen Kliniken sind es die Pflegerinnen und Pfleger, die den engsten Kontakt zu den Patienten haben, schon deshalb, weil sie die Kranken am häufigsten sehen und so kontinuierlich auf dem Laufenden sind. Daher verwundert es nicht, dass es in der Regel die Pfleger sind, die als Erste eine Veränderung bemerken, und sei es auch nur eine psychische. Dies war für uns auch der Grund, warum wir später jede Krankenschwester und jeden Pfleger, die oder der Per auch nur vorübergehend betreut hatte, als Zeugen vernahmen. Dies war ein sehr ergreifendes Kapitel dieses Falles, denn wir trafen auf Zeugen, die noch viele Monate nach den Ereignissen tieftraurig und stark verunsichert waren. Sie hatten den jungen Schweden ins Herz geschlossen, sein Schicksal ging ihnen vor allem deshalb nahe, weil er sie in der kurzen Zeit seines »Erwachens« mit seinem Lebensmut und seiner Sympathie für sich eingenommen hatte. Das Pflegepersonal berichtete übereinstimmend von der vorübergehenden Verbesserung seines Zustandes, aber eben auch davon, dass ihm sehr bald die Lebenskraft abhandengekommen war. Unter anderem beschrieben sie uns, wie Per mit den wenigen Mitteln, die ihm zur Verfügung standen, unmissverständlich zum Ausdruck brachte, dass er keinen Sinn mehr darin erkennen konnte, sich weiter abzuquälen. Er hatte selbst bemerkt, dass er trotz aller Anstrengungen keine Fortschritte mehr machte. Psychisch war Per zu diesem Zeitpunkt bereits am Ende.

Dem psychischen Zusammenbruch folgte kurz darauf der körperliche Kollaps. Per verlor wieder das Bewusstsein, er bekam epileptische Anfälle, die mit starken Lähmungen und Krämpfen verbunden waren, und an eine reduzierte Beatmung war überhaupt nicht mehr zu denken. Hinzu kam, dass sich in seinem Körper Entzündungen ausbreiteten. Aller Wahrscheinlichkeit nach waren durch die permanente künstliche Beatmung Keime eingedrungen, die sich mit den sofort verabreichten Antibiotika nicht mehr ausreichend eindämmen ließen. Per ging es von Tag zu Tag schlechter. Eintragungen in die Patientenakte zeigen in diesen Tagen einen komatösen Menschen mit instabilem Kreislauf, der auch auf künstlich ausgelöste Reize teilweise nicht einmal mehr mit den dafür typischen Reflexen reagierte. Wie aus der Patientendokumentation ersichtlich, gelang es an einem Tag nicht einmal, den sogenannten Cornealreflex bei Per auszulösen. Dieser Reflex wird untersucht, um einen möglichen Hirntod festzustellen. Dabei wird mit einem kleinen Stab leicht über das offene Auge gerieben. Ein nicht hirntoter Patient wird reflexhaft sein Auge schließen, um es vor Verletzungen zu schützen. Per zeigte hierauf aber keine Reaktion. Auch Pers Eltern verzweifelten zusehends, weil die von ihnen wahrgenommene positive Entwicklung immer mehr ins Gegenteil umschlug. Entsprechend häufig suchten sie in dieser Phase den Rat von Professor Bloching, der sie immer wieder ermunterte, ihren Sohn nicht aufzugeben.

Es kam aber der Zeitpunkt, an dem auch Professor Bloching sich eingestehen musste, dass sein Patient nicht mehr zu retten war. Wie es sich für einen verantwortungsvollen Arzt gehört, informierte er die Angehörigen darüber, dass insbesondere die Infektionen nicht mehr erfolgreich bekämpft werden konnten und Per sterben würde. Obwohl es den Eltern verständlicherweise schwerfiel, die Endgültigkeit dieser Nachricht zu akzeptieren, vertrauten sie dem Urteil des Mediziners, zu dem sie über den langen Zeitraum der Behandlung hinweg eine enge persönliche Beziehung aufgebaut hatten. Am Ende hatte das Ehepaar Larsson nur noch eine Bitte an Professor Bloching: Er möge dem Martyrium ihres Sohnes ein rasches Ende bereiten. Per habe schon vor seinem Unfall immer eindeutig erklärt, dass sein Leben niemals künstlich verlängert werden sollte, falls keine Hoffnung auf Genesung mehr bestünde und ein würdevolles Dasein damit nicht mehr möglich wäre. Im Klartext: Pers Eltern baten den Chefarzt, die künstliche Beatmung abzuschalten, um den ohnehin kurz bevorstehenden Tod zu beschleunigen.

Professor Bloching war selbstverständlich bewusst, in welche schwierige Lage ihn diese Bitte brachte. Aktive Sterbehilfe ist in Deutschland nur unter ganz bestimmten Voraussetzungen erlaubt, die zudem im Einzelnen sehr schwer abgrenzbar sind. Jeder Arzt, der eine solche Entscheidung trifft, geht ein hohes persönliches Risiko ein, denn unzulässige Sterbehilfe wird strafrechtlich verfolgt. Vereinfacht gesagt ist aktive Sterbehilfe zum einen dann rechtlich zulässig, wenn der Hirntod des Menschen festgestellt wurde. Zur Feststellung des Hirntodes ist eine Reihe von Untersuchungen vorgeschrieben, die bei Per nicht alle durchgeführt worden sind. Ob Per zu diesem Zeitpunkt dennoch bereits hirntot war, ließ sich im Nachhinein nicht mehr aufklären. Mitte der neunziger Jahre hat der Bundesgerichtshof in einem damaligen Urteil noch eine weitere Bedingung formuliert, unter der aktive Sterbehilfe rechtmäßig ist. Demnach dürfen die lebenserhaltenden Maßnahmen wie künstliche Beatmung eingestellt werden, wenn der betreffende Patient unumkehrbar in den Sterbeprozess eingetreten ist, auch wenn der Sterbevorgang im engeren Sinne noch nicht begonnen hat.

Professor Bloching war sich sicher, dass Per dieses Stadium bereits erreicht hatte. Aber traf seine Einschätzung zu, lag Per tatsächlich im Sterben? Oder hätte er vielleicht noch einige Tage, Wochen oder sogar Monate mit Hilfe von Beatmungsmaschinen und künstlicher Ernährung überleben können? Diese Frage muss ein Arzt für sich beantworten, um eine Entscheidung treffen zu können. Und Professor Bloching traf eine Entscheidung: Er sagte den Eltern seine Unterstützung zu.

Am vereinbarten Tag wies Professor Bloching einen Assistenzarzt an, Per eine hohe Dosis des Narkosemittels

Dormicum zu verabreichen. Der Assistenzarzt tat wie geheißen, obwohl er sich über die Anordnung wunderte, da die Gabe dieses Medikaments unter normalen Umständen nicht indiziert war. Zugleich informierte Professor Bloching das diensthabende Pflegepersonal darüber, dass die Schwester von Per an diesem Abend die Beatmungsmaschine abstellen werde, und gab die Order aus, die dadurch von den Geräten ausgelösten Alarmsignale zu ignorieren. Das hatte es auf der Station in dieser Form noch nie gegeben. Die Schwestern und Pfleger sollten also genau das Gegenteil von dem tun, wofür sie eigentlich da und ausgebildet worden waren: auf Warnsignale aller Art schnell und richtig zu reagieren, um gegebenenfalls Leben zu retten. Doch trotz des unguten Gefühls, das manche von ihnen überkam, traute sich keiner, die Anordnung des Chefarztes in Frage zu stellen. Hier zeigte sich schon, dass Professor Bloching in jedem Falle gut daran getan hätte, diese Angelegenheit mit seinen Mitarbeitern ausführlicher zu besprechen und auf mögliche Skrupel einzugehen. Das Ergebnis dieses Versäumnisses war noch in der Hauptverhandlung zu spüren: Den betreffenden Schwestern und Pflegern war sowohl ihre Trauer um den Patienten als auch eine große Verunsicherung anzumerken.

Wie mit Pers Eltern besprochen, wurde ihrem Sohn das Dormicum verabreicht, damit er von der Beendigung seines Lebens nichts mitbekam, wenig später erschien seine Schwester im Krankenzimmer und schloss die Tür. Nach einer Weile stellte sie das Beatmungsgerät ab, wodurch auf der Station an allen Monitoren Alarm ausgelöst wurde. Die Krankenschwestern ignorierten das Signal, so gut es ging. Einige Minuten später war Per gestorben. Der vorher schon bestellte Priester kam und erteilte ihm die letzte Weihe. Der Totenschein wies – nicht ganz zutreffend – eine natürliche Todesursache aus, es gab keinen Hinweis darauf, dass der Tod in irgendeiner Weise herbeigeführt worden war. Am nächsten Tag übernahm ein Bestattungsinstitut den Leichnam zur Überführung nach Schweden. Professor Bloching und Pers Familie hatten seinen Tod gut vorbereitet, es lief alles wie vereinbart. Fast alles jedenfalls.

Denn am nächsten Morgen erfuhr Dr. Ax von dem Pflegepersonal, dass Per gestorben war, und zwar weil dessen Schwester mit Professor Blochings ausdrücklicher Erlaubnis das Beatmungsgerät abgestellt hatte. Jetzt hatte sie den unbeliebten Chefarzt – so dachte sie – bei einem entscheidenden Fehler erwischt. Also fing sie damit an, Kollegen und Pflegepersonal immer wieder dieselben Fragen zu stellen: Warum hatte Professor Bloching die behandelnden Ärzte nicht über sein Vorhaben informiert? Schließlich war ja alles geplant gewesen, sogar einen Pfarrer hatte er organisiert. Dabei war Pers Zustand doch gar nicht so schlecht gewesen. Hin und wieder hatte doch auch sie selbst ihn behandelt, und nie hatte sie dabei den Eindruck gehabt, dass sein Tod kurz bevorstand.

Und vor allem: Warum war der Patient nicht vorschriftsmäßig auf einen Hirntod untersucht worden, wo doch aktive Sterbehilfe eigentlich nur nach einer solchen Untersuchung rechtlich zulässig sein konnte? Innerhalb kürzester Zeit hatte Dr. Ax dafür gesorgt, dass Pers Tod in der Klinik Gesprächsthema Nummer eins war und Professor Bloching in der gesamten Belegschaft auf immer größeres Misstrauen stieß. Auch eine Dienstbesprechung, in der die Ärztin ihn zur Rede stellte, brachte ihr keine befriedigenden Antworten. Also stellte Dr. Ax eigene Ermittlungen an und sammelte Beweise gegen ihren Chef. Sie »sicherte« die Patientendokumentation und befragte die in der betreffenden Nacht anwesenden Krankenschwestern, damit ihr keine noch so unscheinbare Information durch die Lappen ging. Als wir Marianne Ax in der Hauptverhandlung in den Zeugenstand riefen, wunderten wir uns nicht schlecht, als sie dort mit einem dicken Aktenordner Platz nahm und in der Lage war, selbst Belanglosigkeiten des damaligen Geschehens minutiös zu rekonstruieren, weil sie direkt nach Per Larssons Tod alles protokolliert hatte.

Zu alledem war einige Tage nach dem Ereignis bei der Ärztekammer ein anonymes Schreiben aufgetaucht, in dem Professor Bloching vorgeworfen wurde, ohne Grund das Beatmungsgerät eines Patienten abgestellt und ihn damit umgebracht zu haben. Mit diesem Schritt geriet die ganze Angelegenheit zu einem Politikum – jetzt musste das ganz große Rad gedreht werden. Der Gemeinsame Ausschuss der Krankenkassen und Mediziner machte dem Träger, der außer in Deutschland auch Kliniken in den USA unterhält, unmissverständlich deutlich, dass der Klinik ohne eine restlose Aufklärung der Angelegenheit keine Patienten mehr zugewiesen würden. Damit wäre die wirtschaftliche Existenz des Krankenhauses ernsthaft in Gefahr. Professor Bloching wurde vom Klinikträger aufgefordert, zu den Vorwürfen Stellung zu nehmen. In einem Brief schilderte er ausführlich die Vorkommnisse und glaubte, dass der Fall damit abgeschlossen war. Doch weit gefehlt. Denn der Krankenhausträger – der sich auch mit der Ärztekammer beriet – war mit diesem Bericht nicht zufrieden. Aus ihrer Sicht blieb noch zu vieles dieser komplizierten Angelegenheit im Dunkeln, die rechtlichen und finanziellen Risiken erschienen zu hoch. Daher forderte der Träger Professor Bloching dazu auf, sich selbst bei der zuständigen Staatsanwaltschaft anzuzeigen, sonst müsse er mit Konsequenzen rechnen. Da sich Professor Bloching nach wie vor keiner Schuld bewusst war, kam er der Aufforderung, ohne zu zögern, nach. Spätestens jetzt – davon ging er fest aus – würde sich herausstellen, dass sein Handeln rechtlich nicht zu beanstanden war.

Doch es kam anders, und dies im Wesentlichen aus zwei Gründen: Zum einen gefiel dieser Fall der Staatsanwaltschaft. Selten bietet sich einem Staatsanwalt die Gelegenheit, Rechtsgeschichte zu schreiben, dieser Fall jedoch bot alle Voraussetzungen hierfür: einen Bundesverdienstkreuzträger und renommierten Arzt als Täter, einen reichen Industriellen als Opfer und eine Rechtsmaterie, die schon seit Jahren auf eine Klärung durch die obersten Gerichte wartet. Der ermittelnde Staatsanwalt machte sich mit Engagement an die Arbeit – und beging dabei einen folgenschweren Fehler, der unter anderem zu der Anklage von Professor Bloching wegen Beihilfe zum Totschlag führte: Der Staatsanwalt benötigte einen Gutachter, der herausfinden musste, in welchem gesundheitlichen Zustand sich Per zum Zeitpunkt der vermeintlichen Tat befunden hatte. Wie bereits dargestellt, wäre aktive Sterbehilfe zulässig und keine Straftat, wenn der Sterbeprozess im engeren Sinne bereits irreversibel eingesetzt hatte. Man sollte meinen, einen brauchbaren Sachverständigen zu finden, dürfte in Deutschland eigentlich nicht so schwerfallen. Doch der Staatsanwalt fand zunächst niemanden. Er musste zum einen feststellen, dass es nicht so viele für diesen Fall hinreichend spezialisierte Neurologen gab, die auch noch Gutachtererfahrung mitbrachten. Hinzu kam, dass einige der geeigneten Sachverständigen den Auftrag nicht annehmen wollten, vermutlich weil sie kein Interesse daran hatten, einem renommierten und geschätzten Kollegen womöglich schaden zu müssen. Die eifrige Suche des Staatsanwaltes wurde zuletzt aber doch noch von Erfolg gekrönt. Er fand einen Neurochirurgen, der bereit war, den Auftrag zu übernehmen.

Fatal für das Verfahren und letztlich für Professor Bloching war, dass dieser Gutachter zuvor kaum als Sachverständiger in Strafsachen gearbeitet hatte und daher mit den Besonderheiten eines solchen Verfahrens nicht vertraut war. Bislang hatte er lediglich Gutachten in Schadensersatzprozessen gegen ärztliche Kollegen geschrieben, in denen es um Geld ging, das gegebenenfalls von Versicherungen zu zahlen war, nicht aber um mögliche mehrjährige Haftstrafen und damit um die Existenz des Betroffenen. Schlimmer noch als dieser Umstand aber war, dass der Neurochirurg seinen Schwerpunkt auf die praktische Tätigkeit als Arzt gelegt hatte und dementsprechend von morgens bis abends am Operationstisch stand. Als wir Richter ihm vorwarfen, dass sein Gutachten wesentliche Erkenntnisse aus den Voruntersuchungen nicht berücksichtigte, erwiderte er mit einer Offenheit, die schon ans Unanständige grenzte, er habe nicht die Zeit gehabt, das mittlerweile zwei Umzugskisten umfassende Aktenmaterial vollständig zu sichten. Dieser Arzt hatte leichtfertig die berufliche Existenz eines angesehenen Mannes aufs Spiel gesetzt. Selbstverständlich haben wir auf weitere Ausführungen von seiner Seite verzichtet und ihn »entpflichtet«. Nur am Rande sei erwähnt, dass die Landeskasse die an ihn für das Gutachten gezahlten Honorare mit Erfolg zurückforderte. Er selbst hat bis zuletzt keine Einsicht in sein Fehlverhalten gezeigt, stattdessen legte er gegen unsere Rückforderungsentscheidung Beschwerde ein. Dankenswerterweise hat das Oberlandesgericht sein Rechtsmittel als unbegründet verworfen.

In seinem Gutachten war der Neurochirurg zu der Diagnose gelangt, dass Per zum Tatzeitpunkt an einem sogenannten Locked-in-Syndrom gelitten habe und weit entfernt davon gewesen sei, zu sterben. Im Unterschied zu der bei Per zuvor diagnostizierten Schädigung der Medulla oblongata führt diese Erkrankung nicht zum Ausfall der Atmung, eine künstliche Beatmung ist also nicht erforderlich. Die Lebenserwartung von Patienten mit Locked-in-Syndrom ist wesentlicher höher. Entsprechend hatte der vermeintliche Sachverständige folgerichtig behauptet, der Patient hätte – wie viele andere Menschen mit dieser Erkrankung – noch Wochen, Monate oder gar Jahre leben können. Er wäre »sogar noch in der Lage gewesen, in die Oper zu gehen«. Nach Einschätzung des Gutachters konnte daher keine Rede davon sein, dass Per den Prozess des Sterbens im engeren Sinne bereits begonnen hatte.

Nur mit diesem Gutachten in der Hand und ohne Kenntnis der enormen Recherchemängel blieb dem Staatsanwalt keine andere Möglichkeit, als Anklage wegen Beihilfe zum Totschlag zu erheben. Allerdings gab es auch zu diesem Zeitpunkt schon recht deutliche Hinweise auf Mängel des Gutachtens, denen nachzugehen sich gelohnt hätte. Jetzt mussten auch Professor Bloching und seine Anwälte tätig werden, wenn sie die Anklageerhebung wegen eines Tötungsdelikts noch verhindern wollten. Daher beauftragten sie einen angesehenen Professor für Neurologie und Intensivmedizin damit, für sie die Unterlagen durchzusehen und auszuwerten. Das tat er, und zwar gründlich. Im Gegensatz zum Gutachter der Staatsanwaltschaft studierte er ausführlich sämtliche Akten. Und er unternahm sogar noch mehr: Er zog für seine eigene Diagnose die in den Akten angesprochenen CT- und MRT-Bilder von Per Larsson hinzu, die gemacht worden waren, um die Möglichkeiten und Chancen eines operativen Eingriffs zu prüfen. Als Extrakt des umfangreichen Materials legte er schließlich ein über hundert Seiten langes Gutachten vor, das auch der Staatsanwaltschaft zur Akte gereicht wurde, wie wir Juristen sagen. Darin war unmissverständlich formuliert, dass der Sachverständige der Staatsanwaltschaft sich schon in der Diagnose der Grunderkrankung geirrt hatte: Per hatte keineswegs nur an einem Locked-in-Syndrom gelitten. Den Bildern nach lag eindeutig eine Schädigung der Medulla oblongata vor, die, wie der Gutachter der Verteidigung es ausdrückte, »grundsätzlich mit dem Leben nicht vereinbar« war. Ferner wurde darauf hingewiesen, dass das von der Staatsanwaltschaft eingeholte Gutachten die zahlreichen Anhaltspunkte für schwerste Infektionen, die sich aus der Krankenakte ergaben, nicht ausreichend würdigte. Insgesamt kam der Neurologe und Intensivmediziner zu dem Ergebnis, dass Pers Tod auch ohne Abschaltung der Geräte mit an Sicherheit grenzender Wahrscheinlichkeit kurz bevorgestanden hatte.

Alle diese Informationen lagen der Staatsanwaltschaft vor, bevor sie entscheiden musste, ob sie tatsächlich Anklage beim Landgericht erhebt. Sie konnte also bereits in diesem Verfahrensstadium wissen, dass der von ihnen beauftragte Gutachter schlampig gearbeitet hatte. Was hätte sie daraufhin unternehmen können? Angesichts der gegensätzlichen Resultate hätte sie ein sogenanntes Drittgutachten in Auftrag geben müssen, das für eine Art Stichentscheid gesorgt und sehr wahrscheinlich die Fortsetzung des Strafverfahrens vermieden hätte. Doch dies geschah nicht, stattdessen klagte die Staatsanwaltschaft Professor Bloching bei der Schwurgerichtskammer wegen Beihilfe zum Totschlag an.

Als wir beim Prozessauftakt Professor Bloching zum ersten Mal begegneten, trafen wir auf einen erschütterten Menschen. In seiner sehr persönlich gehaltenen Ausführung zu Beginn der Hauptverhandlung machte er keinen Hehl daraus, dass die psychische Belastung durch die Anklage und den darin enthaltenen Vorwurf, einen Menschen getötet zu haben, bei ihm Depressionen ausgelöst habe. Gerade ihn, der sein gesamtes

Leben in den Dienst seiner Patienten gestellt hatte, traf dieser Vorwurf sehr hart. Zudem war ihm von der Klinikleitung sofort nach der Anklageerhebung fristlos gekündigt worden.

Unter den zahlreichen Zeugen, die wir vernommen haben, waren insbesondere die Aussagen von Frau Dr. Marianne Ax von einer besonderen Brisanz. Die während der Arbeit kultivierte Abneigung gegen den Angeklagten hatte noch Jahre später nichts von ihrer Intensität verloren, sie würdigte ihn während der stundenlangen Vernehmungen keines Blickes. Und von dieser ungebrochenen Abneigung waren auch ihre Aussagen geprägt. Sie blendete erkennbar alles aus, was ihrer festen Überzeugung entgegenstand, dass Professor Bloching eine schwere Straftat begangen hatte.

Die Zeugin bekundete, angesichts des allgemeinen Gesundheitszustandes des Patienten von dessen plötzlichem Tod sehr überrascht gewesen zu sein. Ihrer Auffassung nach war es Per den Umständen entsprechend gutgegangen. Ferner bestritt sie, dass sich sein Zustand je in Richtung lebensbedrohlich verändert hatte. Wenn eine Ärztin sich so dezidiert zu dem Gesundheitszustand eines Patienten äußert, den sie – nach eigenen Angaben – jedenfalls von Zeit zu Zeit konsularisch, das heißt, wenn ihr Spezialwissen gefragt war, behandelt hat, dann sollte man doch vermuten, dass sie sich wenigstens einen genauen Eindruck von der Grunderkrankung des betreffenden Patienten verschafft hat. Deshalb dachte ich, die Zeugin müsste ja wissen, welche genauen Verletzungen sich Per durch den Unfall zugezogen hatte, und richtete eine entsprechende Frage an sie. Die erstaunliche Erkenntnis aus ihren Antworten: Ihr war nicht bekannt, wie schwer Per wirklich erkrankt war, dass er keineswegs »nur« an einem Locked-in-Syndrom litt. Das hieß, sie hatte die Krankenakten nicht einmal vollständig gelesen! Dass sie von der Ernsthaftigkeit der Lage Pers keinen blassen Schimmer hatte, wurde auch deutlich, als wir sie mit konkreten Eintragungen in der Patientenkartei aus den letzten Tagen in Pers Leben konfrontierten. Die Zeugin der Anklage knickte während des Verfahrens ein und schloss sich schließlich der Einschätzung an, dass Pers tatsächlicher Zustand »mit dem Leben nicht vereinbar« war. Wir konnten es kaum fassen, dass sich eine Ärztin mit einer Diagnose nach draußen gewagt und damit mittelbar zu diesem Verfahren beigetragen hatte, ohne sich zuvor gründlich mit der Sache zu befassen. Mir drängte sich der Eindruck auf, dass es ihr weniger um den Patienten oder das Thema Sterbehilfe als um die Person des Angeklagten gegangen ist.

Nachdem sowohl das Professor Bloching belastende Gutachten als auch die Aussagen der Belastungszeugen widerlegt waren, fehlte nicht mehr viel, um zu einer abschließenden Entscheidung zu kommen. Wir vernahmen als Zeugin noch die Oberärztin, die für die Abteilung des Krankenhauses zuständig war, auf der Per bis zuletzt gelegen hatte, und die Per neben Professor Bloching am häufigsten behandelt hatte. Sie sagte aus, von der Nachricht über Pers Tod überhaupt nicht überrascht gewesen zu sein. Im Gegenteil hatte sie schon vorher jeden Tag damit gerechnet. Ihre gleichermaßen medizinisch fundierten und persönlichen Ausführungen über den Gesundheitszustand waren in jeder Hinsicht glaubwürdig. Außerdem konnte sie Pers Erkrankung zutreffend benennen.

Danach wurde die Beweisaufnahme geschlossen, und es kamen die Plädoyers. Die Strafprozessordnung sieht vor, dass der Staatsanwalt beginnt, ihm folgt dann der Verteidiger. Fast immer hören wir von den beiden Seiten gegensätzliche Darstellungen und Interpretationen der zu verhandelnden Tat. Hier war es anders: Der Staatsanwalt plädierte auf Freispruch! In der Begründung legte er dann vor allem dar, wie es zu diesem Verfahren überhaupt hatte kommen können, dass er nämlich insbesondere auf ein schlechtes Gutachten und eine unglaubwürdige Zeugin hereingefallen war. Außerdem entschuldigte sich der Staatsanwalt bei Professor Bloching für alles, was ihm durch dieses Strafverfahren widerfahren war. Der Staatsanwalt hatte die Größe, einen Fehler öffentlich einzugestehen. Größe hatte auch der von ihm unternommene Versuch, das angekratzte Renommee des Arztes mit seinem Schlusssatz wenigstens teilweise wiederherzustellen: »Sie haben sich nichts vorzuwerfen, Sie sind ein verdienter Arzt.«

Der Rest war ein Kinderspiel. Auch die Verteidigung plädierte auf Freispruch. Mit unserem Urteil folgten wir beiden Anträgen.

Markus Breitscheidel

Abgezockt und totgepflegt

Alltag in deutschen Pflegeheimen

ISBN 978-3-548-36901-3
www.ullstein-buchverlage.de

Dahinsiechende Bewohner, ausgebeutete Arbeitskräfte,
fragwürdig verwendete öffentliche und private Gelder –
das, was Markus Breitscheidel während seiner Tätigkeit in verschiedenen Alters- und Pflegeheimen erlebte,
sprengte nicht selten die Grenze der Menschenwürde
und Rechtschaffenheit. Sein Buch ist ein erschütterndes
Protokoll der katastrophalen Zustände in unserem Pfle-
gesystem.

»Über die Reform des Pflegesystems wird seit langem
diskutiert. Wie notwendig sie wirklich ist, zeigt dieses
Buch.« *Welt am Sonntag*

»Dieses Buch schockiert Deutschland.«
TV Hören und Sehen

US254

Axel Petermann

Auf der Spur des Bösen

Ein Profiler berichtet
Originalausgabe

ISBN 978-3-548-37325-6
www.ullstein-buchverlage.de

Ein brutaler Serienmörder. Eine verstümmelte Frauenleiche in einer Plastiktüte. Ein erschossener US-Amerikaner im Zug. Kriminalkommissar Axel Petermann von der Bremer Polizei ist Deutschlands bekanntester Profiler. Er beschreibt seine schwierigsten Fälle. Dabei gibt Axel Petermann Einblick in das Profiling und in die Abgründe der Täterpsyche.

»Brutal, abgründig und hochspannend« *Michael Tsokos*

US336